2018 上海总部经济及商务布局发展报告

2018 ANNUAL REPORT ON SHANGHAI HEADQUARTERS ECONOMY DEVELOPMENT AND COMMERCIAL LAYOUT

上海市商务委员会　编著

上海科学技术文献出版社
Shanghai Scientific and Technological Literature Press

图书在版编目（CIP）数据

2018上海总部经济及商务布局发展报告 / 上海市商务委员会编著. 一上海：上海科学技术文献出版社，2019
ISBN 978-7-5439-8042-6

Ⅰ. ①2… Ⅱ. ①上… Ⅲ. ①企业经济—经济发展—研究报告—上海—2018 Ⅳ. ①F279.275.1

中国版本图书馆CIP数据核字(2019)第278348号

责任编辑：祝静怡 忻静芬

2018上海总部经济及商务布局发展报告
2018 SHANGHAI ZONGBU JINGJI JI SHANGWU BUJU FAZHAN BAOGAO
上海市商务委员会 编著
出版发行：上海科学技术文献出版社
地　　址：上海市长乐路746号
邮政编码：200040
经　　销：全国新华书店
印　　刷：常熟市人民印刷有限公司
开　　本：787×1092 1/16
印　　张：11.25
字　　数：207 000
版　　次：2019年12月第1版 2019年12月第1次印刷
书　　号：ISBN 978-7-5439-8042-6
定　　价：88.00元
http://www.sstlp.com

顾　　问：许昆林

主　　编：华　源

副 主 编：施金根　申卫华　刘　敏　诸　旖　杨　朝
孔福安　张国华　赖晓宜　李　泓

编委成员：徐士良　张国华　刘朝晖　罗志松　江若尘

组织编写：江若尘　盛弘彦　杨震华

编写成员：江若尘　朱云霞　王　丹　牛志勇　王春燕
盛　伟　陈开洋　裴宏宙　王小伟　陈昌东
吴婷瑶　陈　欣

合作单位：上海市各区商务(经济)委员会

研究单位：上海财经大学500强企业研究中心
中国企业创新发展研究基地

前言

上海作为中国的经济、金融、贸易和航运中心，一直是跨国公司和国内企业总部的集聚地，中国（上海）自由贸易试验区（简称上海自贸试验区）、“一带一路”和楼宇经济已经是上海总部经济腾飞的重要载体。为全面反映上海总部经济和商务布局的动态发展趋势，为投资者和政策制定者提供客观中立的信息资料，上海市商务委员会委托上海财经大学500强企业研究中心和中国企业创新发展研究基地，组织调研和撰写了《2018上海总部经济及商务布局发展报告》。报告对上海市总部经济与商务布局的动态发展规律进行了分析与总结，对上海市总部经济竞争力发展趋势、主要城市总部经济竞争力、上海各区总部经济与商务楼宇现状发展状况进行了定性与定量分析，并深入讨论了自由贸易区制度创新背景下总部经济发展的趋势。

2017年，上海总部经济又迈入了更高层次的发展阶段，全年新增跨国公司地区总部45家，其中，亚太区总部14家，外资研发中心15家。截至2017年底，全市跨国公司地区总部累计达到625家，亚太区总部70家，投资性公司345家，外资研发中心426家。在上海本土培养的总部型企业中，7家企业入选世界500强榜单，45家企业入选中国500强榜单，两者相比于上年均有小幅度回落。

为了科学地评价上海市总部经济发展的趋势与现状，本报告首先通过层次分析法，构建了城市总部经济评价指数，分别对上海市总部经济竞争力发展趋势（纵向比较）和全国10个城市总部竞争力差异（横向比较）进行了评估，结果发现：上海的总部经济竞争力与北京依然存在差异，但是这种差异正在逐渐减小，而且上海在经济实力、基础设施、社会

基础、信息基础设施、人才资源、商务服务及国际开放等7个(共15个)二级指标上领先于北京,总部经济发展优势较2016年进一步增强,地区总部集聚和承载潜力持续提升。接着,报告对上海市各区总部企业的发展状况进行了梳理,数据显示,浦东新区在跨国公司地区总部的增量(16家,占全市35.56%)和存量(281家,占全市44.96%)上遥遥领先,闵行区、徐汇区和静安区紧随其后,总部数量稳步上升,黄浦区、徐汇区、静安区和长宁区在跨国公司地区总部的密度上更占据优势。然而,仍有部分区至今未发展跨国公司地区总部,区域间总部经济发展水平存在较大差异,这也是未来上海总部经济发展需要克服的短板。各区应在《上海市鼓励跨国公司设立地区总部的规定(2017)》的基础上,制定具体可操作的"区政府支持"条款,因地制宜地营造本地区的总部经济发展环境。

上海自贸试验区作为我国制度创新和扩大开放的"试验田",在投资管理制度、贸易便利化、金融制度创新和事中事后监管方面进行了创造性的变革,并在外资引进和总部集聚方面取得了丰硕的成果。截至2018年底,上海自贸试验区累计新设立企业超过5.7万户,4年来新设企业数是前20年同一区域企业数的1.6倍;2017年当年实到外资60亿美元,比2016年增长6%,占上海市总实到外资的35.2%;上海自贸试验区内已经入驻228家跨国公司地区总部,占浦东新区总数的81%。由此可见,上海自贸试验区已经成为上海引进跨国公司地区总部入驻的重要平台,也是提升本土企业总部国际竞争力,辐射本土企业总部国际影响力的重要方式。当然,上海自贸试验区改革过程的制度创新具有很强的行业特征,如何合理高效地利用自贸区制度优势是国内企业总部应该深入探索和思考的。

为了进一步了解上海自贸试验区对企业发展的影响,本报告以企业案例为基础,以企业的视角分析了上海自贸试验区制度创新的改革背景、操作流程与制度优势,为总部企业融入和参与上海自贸试验区建设提供案例参考。案例分析发现,政务服务一体化、贸易通关智能化、金融工具规范化和人才落户便利化已经成为自贸区制度创新的主流趋势,与

“一带一路”、上海“四个中心”一起，为本土跨国公司地区总部的培育提供更多政策与制度上的先发优势，将上海总部经济营商环境推上了一个新的高度。

本报告的撰写得到了上海各区商务主管部门和企业的大力支持，上海财经大学500强企业研究中心和中国企业创新发展研究基地的工作人员为此付出了辛勤的劳动，在此表示衷心的感谢！由于数据的收集与整理工作繁重，难免有不足与疏漏之处，敬请谅解并批评指正。

编　者

2019年5月

Preface

As China's economic, financial, trade and transportation center, Shanghai has been a gathering place for multinational companies and domestic corporate headquarters. The China(Shanghai) Pilot Free Trade Zone(Shanghai Free Trade Zone), the One Belt One Road and the building economy have become important carriers for the economic development of Shanghai headquarters. In order to fully reflect the development of the economic and business layout of Shanghai headquarters and provide objective and neutral information for investors, Shanghai Municipal Commission of Commerce commissioned the Top 500 Enterprise Research Center of Shanghai University of Finance and Economics and the China Enterprise Innovation Research Base to organize research and write the *2018 Annual Report on Shanghai Headquarters Economy Development and Commercial Layout*. The report analyzes and summarizes the dynamic development law of the economic and business layout of Shanghai headquarters, and makes qualitatively and quantitatively analysis about the development trend of economic competitiveness of Shanghai headquarters, the headquarters economic competitiveness of major cities, and the development of headquarters economic and commercial buildings in various districts. Also, we make in-depth discussion about the trend of headquarters economic development under the background of institutional innovation in China(Shanghai) Pilot Free Trade Zone.

In 2017, the Shanghai headquarters economy has raised into a higher development level development. Shanghai has included 45 new regional headquarters and headquarters-based organizations for multinational companies, of which 14 companies have been identified as Asia-

Pacific regional headquarters and 15 companies have been identified as foreign-invested R&D centers. By the end of 2017, Shanghai has 625 multinational corporations regional headquarters, 70 Asia-Pacific headquarters, 345 investment companies, and 426 foreign-invested R&D centers. Among the headquarters-based enterprises cultivated in Shanghai, 7 companies were selected in the Fortune Global 500 list, and 45 companies were selected in the Fortune China 500 list. Both of them were slightly lower than the previous year.

In order to scientifically evaluate the trend and current situation of the headquarters economic development in Shanghai, this paper firstly constructed the headquarters economic competitiveness evaluation index of the city headquarters through the Analytic Hierarchy Process, respectively evaluating the development trend of the headquarters economic competitiveness of the Shanghai headquarters(vertical comparison) and the headquarters economic competitiveness between 10 national cities(horizontal comparison) in China. The results show that the economic competitiveness of Shanghai's headquarters is still different from that of Beijing, but this difference is gradually decreasing, and Shanghai's 7 indicators(secondary) like economic strength, infrastructure, social infrastructure, information infrastructure, human resources, business services, international openness are ahead of Beijing, and the economic development advantages of the headquarters are further enhanced compared with that of 2016. Besides, the concentration and carrying capacity of regional headquarters continue to increase. Then, the report classifies the development status of the headquarters enterprises in various districts of Shanghai. The data shows that the Pudong New Area has always be far ahead among districts in the flow(16, accounting for 35.56% of Shanghai) and stocks(281, accounting for 44.96% of Shanghai) of regional headquarters of multinational companies. Minhang District, Xuhui District and Jing'an District have been closely followed and the count of headquarters has steadily increased. Huangpu District, Xuhui District, Jing'an District and Changning District have more advantages in the density of regional headquarters of multinational corporations.

However, there are still some districts and counties that have not yet developed the regional headquarters of multinational corporations. The differences of economic development level of inter-regional headquarters are quite large. This is also the shortcoming that the economic development of Shanghai headquarters needs to overcome in the future. On the basis of the *Shanghai Municipality on Encouraging Multinational Corporations to Establish Regional Headquarters* (*2017*), all districts shall formulate specific and operable District Government Support provisions to create a suitable regional economic development environment in accordance with local conditions.

Shanghai Free Trade Zone is a test field for institutional innovation and opening expansion in China. It has been creative in investment management systems, trade facilitation, financial system innovation and post-event supervision. The change has gained fruitful achievements in the inflow of foreign capital and the concentration of headquarters. As of 2018, the number of newly established enterprises in Shanghai Free Trade Zone has exceeded 57,000, and the number of which is 1.6 times than the total number of same regional enterprises established in the past 20 years. In 2017, the actual foreign investment reached US $ 6 billion, an increase of 6% over the previous year. It accounts for 35.2% of Shanghai's total foreign investment; There are 228 newly regional headquarters of multinational companies established in Shanghai Free Trade Zone, which accounting for 81% of the total number of Pudong District. From this we can see that Shanghai Free Trade Zone has become an important platform for the inflow of regional headquarters of multinational corporations. It is also an important way to enhance the international competitiveness of local corporate headquarters and to radiate its international influence outside. Of course, the institutional innovation of the Shanghai Free Trade Zone reform process has intensive industry characteristics. How to rationally and efficiently utilize the advantages of Shanghai Free Trade Zone system is a question that domestic enterprise headquarters should be deeply explored and thought.

For the aim to to further understand the impact of the Shanghai Free Trade Zone on enterprise development, this report analyzes the reform background, operational process and institutional advantages of Shanghai Free Trade Zone system innovation from the perspective of the enterprise, and integrates and participates in the headquarters enterprises. Case references are provided in the construction of Shanghai Free Trade Zone. The case study found that the integration of government services, the intelligentization of trade customs, the standardization of financial instruments, and the convenience of talents have become the mainstream trend of institutional innovation in the Shanghai Free Trade Zone. Combined with the construction of the One Belt One Road strategy and Shanghai's Four Center international construction, the cultivation of regional headquarters of local multinational corporations provides more first-mover advantages in institutional policies and systems, and propels the headquarters economic and business environment of Shanghai headquarters to a higher level.

The writing of this report has received strong support from the commercial authority departments and relevant enterprises in all districts and counties. The Top 500 Enterprise Research Center of Shanghai University of Finance and Economics and the China Enterprise Development and Innovation Research Base have paid hard and industrious work which we deeply appreciated. Due to the heavy workloads in collecting and cleaning dataset, it is inevitable that there are deficiencies and omissions. Hope you can understand and criticize without hesitation!

Editor
May 2019

目 录

Contents

第一章　上海总部经济发展概述

第一节　上海总部经济概况

上海作为我国改革开放的标志性窗口，在成为中国的经济、金融、贸易和航运中心后，是众多跨国公司和国内企业总部的首选。随着社会化大分工的不断深入，跨国公司的总部与其生产端、研发端及终端市场的联系不再依赖地理上的距离。从经济的角度，生产端将转移至成本较低的劳动密集型地区，总部向中心城市集聚并在信息上与生产端保持密切联系，在生产端向外迁移的过程中，上海作为企业中枢的功能被日益强化。为了促进上海总部经济和商务布局有效地扩大规模，改善质量和提升能级，本节首先对国际范围内跨国公司地区总部的发展概况进行简要的梳理，总结跨国公司发展的主要影响因素。

一、总部经济发展概况

（一）跨国公司地区总部的作用

发展跨国公司地区总部的首要问题，是要从企业的视角，了解跨国公司地区总部的作用与职能。Dischinger & Riedel(2011)认为，跨国公司地区总部的设立，有助于转移降低母公司整体税收负担以最大化公司利润。无形资产中的专利和商标，在企业盈利与参与行业竞争中起着越来越重要的作用。由于这种要素的价格转移机制非常不透明，越来越多的跨国公司将其作为一种利润转移的手段。为了最大化公司整体的收益，跨国公司更愿意将无形资产都配置在企业所得税率较低地区的子公司中，一些公司甚至在低税率的地区成立品牌管理公司，征收全球子公司的运营费用。这种行为一方面可以减少无形资产收益的税收成本，另一方面可以通过扭曲无形资产价格，提升知识产权在生产过程中的重要性，转移高税收地区生产性子公司的收入，进而达到降低跨国公司整体税收水平的目的，使之在全球范围内收益最大化。欧洲跨国公司的经验显示，在所得税率较低地区的子公司中，跨国公司对其进行的无形资产投资更多，平均每降低1%的税收水平，跨国公司将在该地区增加1.7%的无形资产投入。Bösenberg et al.(2014)则更加强调工人的个人所得税与特定国家行业内企业所得税对跨国公司的影响。作者发现，通常一个地区的税率越高，跨国公司在当地选址的概率越低。

Lunnan & Zhao(2014)则认为，跨国公司地区总部有助于控制与协调较远地区的生产与经营活动，有效地传递母公司的技术优势与反馈地区特征的市场需求，扮演着重要的信息传输的职能。上海市的数据显示，从2006年的156个跨国公司总部增加到了2012年的400多个，知识的管理与运用是跨国公司的主要战略优势之一。跨国公司作为行业的引领者，首先将自身先进的经营理念与技术通过地区总部应用于中国市场中。同样，跨国公司地区总部作为生产部门与母公司之间的桥梁，它知晓跨国公司所有生产部门的需求，在当地使用低廉的研发技术，并将原先的知识与技术进行改进以符合各个子公司的生产需求，再将其出口并应用到其他地区的子公司中，这样便使得企业的知识与技术创新更能满足地方市场的需求。知识作为跨国公司的核心竞争力，其地区总部管理者的选拔与训练和地区总部的结构与选址都成为影响知识生产与转移的重要因素。

（二）跨国公司地区总部设立的决定因素

地区总部设立是跨国公司利用全球资源最大化收益的重要策略之一，因此，所有影响到其公司收益的因素，都是影响跨国公司及其地区总部选址的重要因素。通过梳理现有文献发现，影响跨国公司地区总部选址的因素包括但不限于：城市规模、市场潜力、基础设施、税收水平、商务服务水平、产业发展特征、服务多样化程度等。

从国际经验来看，城市中的分工专业化，正外部性（学习、分享和匹配功能）和优惠的企业税率，是影响地区总部设立的主要因素。Davis & Henderson(2008)使用微观层面的数据，考察总部企业集聚的决定因素与经济基础。大城市总部的主要功能便是将跨国公司的管理职能与生产活动分离。这种分离使得跨国公司总部一方面可以获得更加细分多样的服务，另一方面也可以在集聚的过程中获得周边总部的溢出效应。作者发现，地区服务的多样性和周边其他总部的企业规模大小，对一个地区的总部集聚会产生正向影响。实证结果显示，中间服务商数量每增加10%，预期一个县(county)的总部数量将会增加3.6%。而且，对于城市中较大的总部企业来说，商务与金融服务的集中同样十分重要。Pan et al.(2014)通过研究美国500强企业发现，当跨国公司具有多样化的业务内容、获得更高的收益时，跨国公司将会在东道国设立总部。东道国总部的优势是与母公司在该地区的子公司关系更为密切，缩短了总公司与子公司之间的沟通距离。不仅如此，东道国地区总部还可以整合地区内的子公司资源，将跨国公司的业务优势传播到每一个子公司中。

Strauss-Kahn & Vives(2009)对1996—2001年间美国30 000多家跨国公司的选址和迁移的影响因素进行了分析。研究发现，跨国公司在美国的总部大多集中在规模中等且服务水平较高的城市中，而且总部迁移比例也非常高(每年接近5%)。公司总部迁移的原因是：大都市更加临近机场、较低的公司税率、低平均工资、高水平商务服务、产业专业化和相同产业中的总部集聚等因素，对总部发展有显著的影响。Voget(2011)着重研究了公司税率变动对跨国公司地区总部选址的影响。研究发现，当跨国公司母国对跨国公司子公司收入进行征税时(税基增大)，跨国公司倾向于将企业总部迁往税率较低的国家，以减少自身的税收负担。实证结果显示，当对跨国公司子公司的利润征收税率每上升10%时，其当地跨国公司总部转移的比重将上升2.2%，占平均转移率的1/3。这一税收政策变动对跨国公司总部选址的影响巨大。

相比于发达国家，我国跨国公司的地区总部建立起步较晚，但是发展势头十分强劲。由于与国内外制度环境、社会发展水平和企业管理水平存在一定的差异，因此，国内跨国公司通过设立跨国公司地区总部弥补国内外各个层面存在的差异。Li(2015)研究发现，制度环境差异、社会交往水平和管理认知水平有关的因素，包括承诺水平、沟通有效性、相互信任和满意度等，对我国跨国公司总部-子公司关系的质量产生了影响。Ma et al.(2017)研究了中国本土跨国公司的地区总部设立的问题。通过对外直接投资与地区性出口两个角度，分析了我国本土跨国公司设立地区总部的动机。研究发现，公司在地区内部的外商直接投资(下文简称FDI)与出口贸易的能力是促使我国跨国公司设立亚洲区总部的原因，跨国公司总部地区的市场整合度越高，地区间出口贸易和亚洲区总部设立之间的关系越弱；跨国公司国际管理能力越强，地区内部FDI与亚洲总部设立的关系越弱。Zhang et al.(2018)梳理了中国4 667个上市公司总部的空间分布形态特征：我国的大多数上市公司总部都集聚在大都市群和东部沿海地区；上市公司在一个城市中通常集中在一个5公里半径的圆中，成为产业聚类中心；工业生产、信息技术和非必需消费品公司的集聚程度要高于材料和医疗保健公司，且非必需消费品和材料公司对周边城市的溢出效应要远远高于工业、信

息技术和医疗保健公司;服务业与其他部门的空间关联度最高。

(三)我国跨国公司总部的发展现状

我国在不断参与国际化发展的进程中,(国内外)跨国公司地区总部数量出现井喷式的上升,且地区总部层级也越来越高。楚天舒和李晓红(2015)对全国 11 个中心城市的总部经济发展状况进行了评价,发现在 2007—2013 年间,各个城市的总部经济发展水平呈上升趋势,上海的总部经济发展稳中有降,北京的总部经济发展水平已在 2010 年超过上海,上海总部经济的优势在时间趋势上正不断减弱。江若尘(2016)以国际化视角观察发现,上海是世界 500 强分支机构最多的城市,在 2014 年达到了 600 多个,多于北京(551 个)和纽约(538 个)。但是,上海的世界 500 强企业一级总部数量相对较少,仅为 8 个,而北京却多达 59 个,上海在培育本土跨国公司方面还有很大发展空间。当然,数量仅仅是描述地区总部经济发展现状的一种方式,总部经济质量的提升同样刻不容缓。王俊松等(2017)认为,随着全球经济一体化,跨国公司各个产业链的参与者可能出现如下三种发展路径:一是总部和生产端在空间上分离,但这会使交易成本存在上升的可能;二是跨国公司在全世界统筹协调其生产、研发和交易网络,整体降低经营成本;三是主营之外的大部分业务均外包给第三方,专注自身特点优势化发展。由此可以看出,跨国公司总部的区位选择有三个影响因素:首先最为核心的因素是现代化、专业化服务的可获得性,尤其是会计、法务、保险等方面的服务;二是更加依赖大都市快速的信息交流,特别关注市场信息的获取;三是进一步推动专业分工,通过以提升经营效率克服其他成本上升带来的竞争劣势。上述规律与国外其他地区总部经济的发展规律相一致。上海作为我国服务业最发达和国际化程度最高的城市,在国家层面与地区层面的社会经济政策稳步推进的大背景下,上海的总部经济仍然具有很强的发展潜力。

可以发现,跨国公司地区总部的地区选址完全是建立在自身收益最大化的基础之上的,合理避税、靠近市场、加强沟通、业务创新、向大城市集聚等,都是跨国公司实现这一目的方法与手段。如果一个城市想要发展总部经济,尤其是建立跨国公司地区总部,其发展的方式一定是与企业合作共赢,在社会福利最大化的前提下,为企业发展提供有限的政策倾斜与有效的配套服务。

二、上海总部经济发展的政策梳理

在上海提出建设"四个中心"大背景下,总部经济在多个方面发挥了领头雁的作用，如产业带动、高端人才汇聚、引领技术创新发展等。2017 年 1 月 27 日，《上海市鼓励跨国公司设立地区总部的规定》[①]（简称《规定》）正式发布，2 月 1 日起正式施行。2017 年《规定》的内容主要有以下三个方面：进一步丰富跨国公司地区总部内涵，将总部型机构纳入政策适用范围，取消了对跨国公司地区总部公司形式和经营范围的要求，调整认定条件；在原有的资助与奖励、资金管理、人员流动、通关便利政策上做加法，吸收中国（上海）自由贸易试验区（简称上海自贸试验区）制度创新和科创中心政策成果，新增了部分资金管理、出入境便利和人才引进政策；首次提出"区政府支持"条款，鼓励各区因地制宜，完善适合总部经济发展的营商环境[②]。

各区政府为了进一步贯彻落实《规定》和《上海市人民政府关于进一步扩大开放加快构建开放型经济新体制的若干意见》[③]，进一步吸引跨国公司在本区设立地区总部、总部型机构以及研发中心，促进当地总部经济和涉外经济的发展，各区政府因地制宜，优化了鼓励政策内容，加入了"区政府支持"条款，落实本地区鼓励跨国公司设立地区总部的方案。

2017 年 7 月，《浦东新区"十三五"期间促进总部经济发展财政扶持办法》（简称《扶持办法》）出台，该办法延续了浦东"十二五"总部扶持办法对三类总部（即跨国公司地区总部、大企业总部、区域性总部）的支持，新增了对营运总部、高成长性总部、国际组织（机构）地区总部的认定。对于高成长性总部的认定，还会考察企业所拥有的核心技术知识产权和研发费用支出、商业模式和融资情况、国际国内知名度，以及管理层和运营团队是否位于浦东等条件。《扶持办法》进一步明确，符合条件的四类主体获得不同程度的奖励：新落户（即 2016 年 1 月 1 日及以后设立）的跨国公司地区总部、大企业总部、营运总部、区域性总部、高成长性总部，可在三至五年内每年获得一定奖励；而新落户的国际组织（机构）地区总部，可根据其等级规模获得不超过 400 万元的一次性奖励；新落户相应类别总部的高管人员、首席代表、中层管理人员和专业人员，按其个人对浦东新区的贡献程度，可在一定年限内获得相应奖励；现有总部（即 2016 年 1 月 1 日以前设立）经复核，其企业和相关人员也可以享受类似奖励；大企业总部、营运总部、区域性总部的主要股东发生股权转让一次性交易，根据股权转让所形成的对浦东的贡献程度，可获得一定奖励。伴随着《扶持办法》的出台，浦东新区政府将进一步加大招商育商力度，创造更良好的营商环境，吸引更多中国、亚太和全球总部落户浦东新区。

---

① 沪府发〔2017〕9 号。

② 作者根据《上海市鼓励跨国公司设立地区总部的规定》文件整理得出。

③ 沪府发〔2017〕26 号。

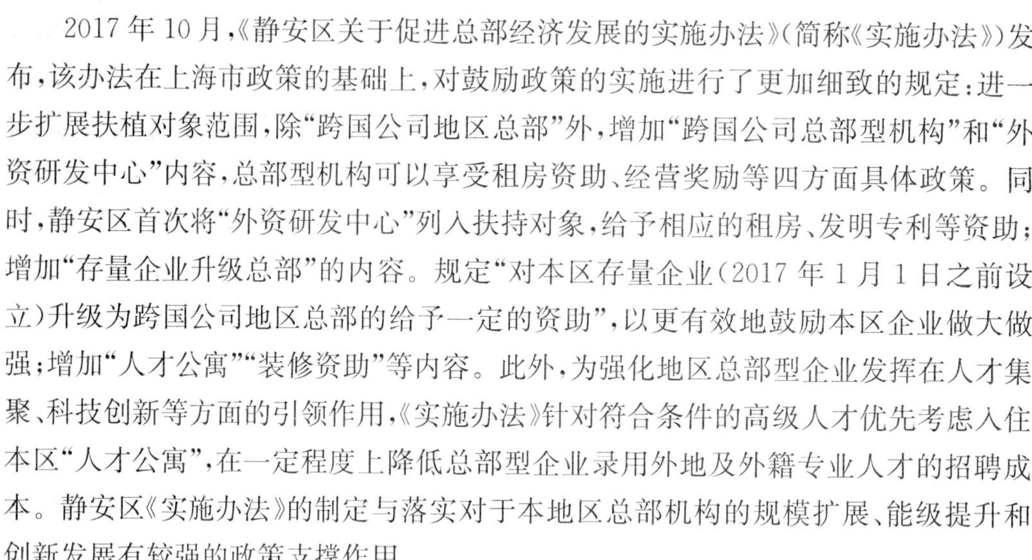

2017 年 10 月，《静安区关于促进总部经济发展的实施办法》(简称《实施办法》)发布，该办法在上海市政策的基础上，对鼓励政策的实施进行了更加细致的规定：进一步扩展扶植对象范围，除“跨国公司地区总部”外，增加“跨国公司总部型机构”和“外资研发中心”内容，总部型机构可以享受租房资助、经营奖励等四方面具体政策。同时，静安区首次将“外资研发中心”列入扶持对象，给予相应的租房、发明专利等资助；增加“存量企业升级总部”的内容。规定“对本区存量企业(2017 年 1 月 1 日之前设立)升级为跨国公司地区总部的给予一定的资助”，以更有效地鼓励本区企业做大做强；增加“人才公寓”“装修资助”等内容。此外，为强化地区总部型企业发挥在人才集聚、科技创新等方面的引领作用，《实施办法》针对符合条件的高级人才优先考虑入住本区“人才公寓”，在一定程度上降低总部型企业录用外地及外籍专业人才的招聘成本。静安区《实施办法》的制定与落实对于本地区总部机构的规模扩展、能级提升和创新发展有较强的政策支撑作用。

第二节　上海跨国公司总部现状

2017 年，上海新增跨国公司地区总部 45 家，其中 14 家为亚太区总部，全市跨国公司地区总部总数达到 625 家，其中 70 家为亚太区总部；全年新增外资研发中心 15 家，外资研发中心总数达到 426 家。越来越多的跨国公司地区总部将相关管理决策、采购销售、研发、资金运作、共享服务等职能集中到上海，显示出上海作为中国市场“外资大脑”的地位。同年，上海自贸试验区实到外资 60 亿美元，比上年增长 6%，占上海市总实到外资的 35.2%，充分展现了上海自贸试验区对外资的吸引力，改革与开放红利不断释放，来华外资规模和水平稳步提升。2017 年，上海自贸试验区新增服务业扩大开放相关外资项目 412 个，涉及金融、航运、文化、专业服务等多个服务业扩大开放领域。其中包括全国第一家外资金融类投资性公司和全国自贸区第一家中外合作教育培训机构等。

一、 上海成为跨国公司在全球发展的重要增长引擎

一半以上的在沪外资企业视中国为最重要的海外市场，而上海则更是众多外资的首要选择，截至 2017 年底，累计投资超过 1 亿美元的外资企业在上海共有 1 477 家，其中前 5%的外资企业平均每家投资超过 10 亿美元。另外，在沪的 625 家跨国公司地区总部中，亚太区总部 70 家。在沪的 426 家外资研发中心中，有一成以上将上

海视为其研发端的重要基地，表现在有57家在沪基地定位亚太区级别以上总部。

随着上海经济实力的不断提升，在沪外资面临的制度性、交易性成本逐年提高。因此，为了保持上海的各方面生产要素成本优势，借力上海自贸试验区平台，接轨国际通行规则，确立了准入前国民待遇加负面清单的外资投资管理制度。一方面提高了管理的透明度，另一方面也通过简化流程提高外资的参与效率。截至2017年底，上海自贸试验区范围内的特别管理措施已由2013年版的190条缩减到2017年版的95条，透明度和可预期性大幅提升；99%以上的外资新设及变更事项等，平均办理时间均从1周以上减至3个工作日。上海吸引外资的综合竞争优势依然十分明显。

至2017年底，上海在引进外资方面，不仅总额占据全国10%以上，而且运营情况大大超过全国水平——营业收入和纳税总额同比均实现两位数增长。仅在上海自贸试验区内增加对外开放项目便超过2 400个，代表性项目如全国首家外商独资医院、首家外商独资金融类投资性公司、首家外资再保险经纪公司、首家外商独资非学制类职业培训机构等一批首创性项目，是中国利用外资名副其实的风向标。经济数据上，外资企业创造了全市超过1/4的GDP、超过1/3的税收、2/3左右的外贸进出口和规模以上工业总产值①。值得注意的是，2017年，上海服务业占全市实到外资比例高达95%，创历史新高，作为中国经济中心城市的上海，产业结构和发展动能正进一步向服务业集中。

二、 跨国公司研发中心向中国转移

截至2017年底，上海外资研发中心累计已经达到426家，其中，40家为全球研发中心，17家为亚太区研发中心；20家外资研发中心的投资超过1 000万美元；吸收中方研发人员总数超过4万人，硕士以上学历占52%。上海的外资研发中心总量以占内地总数四分之一的规模，居全国首位。

跨国公司研发环节作为是跨国公司全球业务的顶端，业务内容具有引领性与革命性。但是，现阶段的跨国公司研发不再仅仅局限于技术层面的研发，技术、产品和需求同时成为研发的重心。例如：联合利华作为快消行业的龙头企业，在快消产品周期越来越短的趋势下，倒逼企业加快创新速度，将过去平均12个月以上降至最短3个月；传统的化工行业发展相对稳定，但是现如今，资金愈来愈倾向于技术创新型公司，促进化工企业加快新老产品的更迭；同样，医疗产品的更新换代也十分频繁，虽然市场上某些医疗器械会同时存在十几个品牌，但是现在不到一个月就会出一款新型

① 数据来源：http://shzw.eastday.com/shzw/G/20180315/u1ai11294042.html

号。新品迭代速度加快，创新周期缩短，正推动着产品研发过程步入“新常态”。

贴近市场，正是跨国公司研发中心由发达国家加速向中国转移的背后原因。由于中国人口众多，形成庞大的消费市场，也是跨国公司研发中心向国内转移的重要因素。在瞬息万变的市场化大潮中，闭环式的孤岛式创新越来越难以占据主动，而我国作为世界级的消费大国，跨国公司将研发中心设立于此，与市场“零距离接触”将在竞争中更加占据主动。瞬息万变的市场，越发多元的竞争主体和融合、开放、嵌入的创新新常态，使得产品研发的需求大幅度提升，因此，上海在承接跨国公司研发中心方面具有得天独厚的优势。

三、 各区内部跨国公司总部区域分布明显

2017 年，上海新增跨国公司地区总部 45 家，其中 14 家为亚太区总部，全市跨国公司地区总部数量达到 625 家。从各区新增跨国公司地区总部的数量上看，空间差异依然十分巨大。浦东新区以新增 16 家位居上海市榜首，闵行区、静安区和徐汇区分别增加 7、6、4 家，而宝山区、松江区、奉贤区和金山区在 2017 年没有新增。

相比于 2016 年，全市跨国公司地区总部总数达到 625 家，分布在全市 14 个区中，总部规模首次突破 600 家。其中，浦东新区是跨国公司总部数量最多的区域，共 281 个，约占全市跨国公司总量的 45%。从增长率上看，虹口区、青浦区和闵行区的增长势头强劲，较 2016 年分别增长 33%、20%和 18%，远高于其他地区的增长率。

从集聚程度上看，黄浦区、静安区、徐汇区、长宁区在全市排前 4 位，每平方公里的土地上就有超过 1 个跨国公司地区总部，高密度的跨国公司地区总部数量使得总部经济的外部性和规模效应被逐渐释放，然而，有限的地区土地资源制约着当地跨国公司总部数量的进一步增长。浦东新区虽然跨国公司总部的数量最多，但是密度相对较小，总部经济的集聚性发展仍有很大的潜力。

第三节 上海内资企业总部现状

一个地区的世界 500 强企业、中国 500 强企业和上市公司的总部数量与活跃程度代表了地区总部经济发展状况。本节对近期世界 500 强企业和中国 500 强企业的发展状况进行梳理，通过分析 500 强企业的发展状况，厘清国别间总部经济发展环境的差异，并对上海市内资企业的总部现状进行了描述。2017 年，我国的世界 500 强企业数量又上升了一个新的台阶，我国总部经济整体状况仍然保持着一个上升的态势。

一、 世界 500 强发展状况

财富中国网站按照企业经营规模的大小，将全世界企业中规模最大的 500 家企业进行排名，以展现各国企业经营状况。本节收集并整理了财富中国网站 2013—2018 年入选的世界 500 强企业，并将其按照国家类别进行分类整理，发现世界 500 强企业的发展趋势如下①：

（一）地域分布相对稳定，逐渐集中

总量上，世界 500 强企业的地区分布相对稳定，其中约 70％的企业集中在中国、美国、日本、法国和德国这 5 个国家中（图 1.1）。且这 5 个国家中的世界 500 强企业的数量仍然在不断地上升（2014 年为 344 家，2018 年加总为 358 家），说明这 5 个国家中企业的规模和实力不仅走在世界前列，而且其竞争力开始超越其他国家的企业，并在世界竞争中占得一席之地。

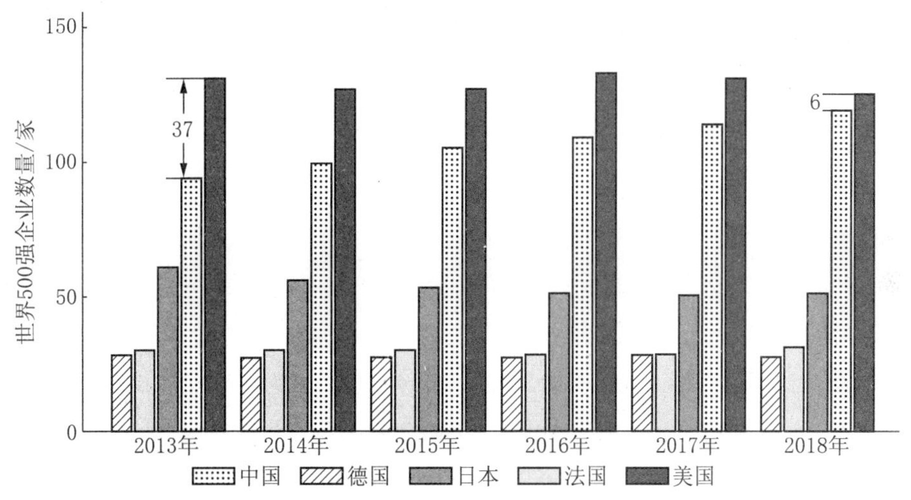

图 1.1 主要国家世界 500 强企业发展趋势

数据来源：财富中文网。

① 此处 500 强数据全部来自“财富中国网”（网址：http://www.fortunechina.com/），主要分为两个样本，样本 1 为世界 500 强企业，样本 2 为中国 500 强企业。第二个样本与第一个样本的区别在于：中国 500 强企业是所有在“中国境内外上市的所有中国公司”，所依据数据为上市公司在各证券交易所正式披露信息。因此，如果某一企业在世界 500 强的榜单中，但是其在中国境内外上市公司数量十分有限，且正式披露的规模达不到中国 500 强企业的门槛，那么该企业将无法进入中国 500 强企业的榜单。（简而言之，样本 2 不会包含样本 1 中的全部中国企业，如“国家电网公司”等）

（二）国家间竞争激烈，中美竞争加剧

当然，企业的竞争无处不在，“中美日法德”五国的企业竞争则尤为强烈，这主要体现在 500 强企业地区数量变化的“小趋势”上。美国作为 500 强企业数量最多的国家，这一地位一直未发生变动。而我国作为数量第二多的国家，世界 500 强企业数量在短短的 6 年间内增加了 25 个（这一增量占到 2013 年企业总量的 26.3%），与美国的差距从 2013 年的 37 个，缩小到 2018 年的 6 个，差距逐渐减小。相反，日本世界 500 强企业的数量正逐年降低，已经从 2013 年的 62 家减少到了 2018 年的 52 家，虽然所占的份额相对稳定，但其与中国之间的差距正在逐渐拉大。法国与德国之间的世界 500 强企业数量排序也出现了变化，德国 2018 年超越法国排名第 4 位。由此可见，世界 500 强榜单变化的小趋势一直存在，世界 500 强企业间的竞争早已成为国家间经济实力竞争的缩影。

（三）中国的世界 500 强企业盈利能力相对较强，发展潜力巨大

世界 500 强企业数量代表了国家经济发展体量，而企业盈利能力则代表了国家企业的核心竞争力。为了识别各个国家企业的盈利状况，本节计算了 2013—2018 年间各个国家企业的收益率（见图 1.2）。纵轴为国内盈利水平相同的 500 强企业数量，横轴则为企业的利润率，越往右侧的利润率高，相反则利润率较低。从图 1.2(a) 中可以得出以下两点结论：一方面，中国 500 强企业的盈利水平低于美国 500 强企业。中国企业利润率主要集中在 0 附近（实线，中位数为 0.017），而美国的 500 强企业的利润率主要分布在 0.03～0.05 之间（虚线，中位数为 0.057）。而且，中国利润率高于 0.6 的企业数量明显少于美国企业，说明美国企业创造利润的能力普遍较高。另一方面，中国 500 强企业的差异化程度要小于美国 500 强企业。美国企业利润率小于 0 的企业所占比重也高于中国企业，这一定程度上说明，美国 500 强企业的盈利水平差异化明显，市场因素占主导作用。

虽然中国的世界 500 强企业盈利能力稍逊美国，但是与日本、法国和德国三国的企业之间的差距逐渐缩小。从图 1.2 中可以看出，日法德三国的企业利润率主要集中在 0～0.2 之间（日法德三国世界 500 强企业的利润率均值分别为：0.043，0.039，0.031），超过 0.2 的企业数量相对较少，相反，中国企业利润率在 0.2～0.4 之间的比例相对较多，且均值为 0.044，说明尽管中国 500 强企业有大部分企业的利润率仍然较低，但是利润率高于 0.1 的企业数量并不少于日法德三国。因此，中国 500 强企业在提升盈利能力的过程中，应以美国的 500 强企业为自身发展的榜样，以市场化的方式

改善利润率在 0 附近的企业的经营状况。

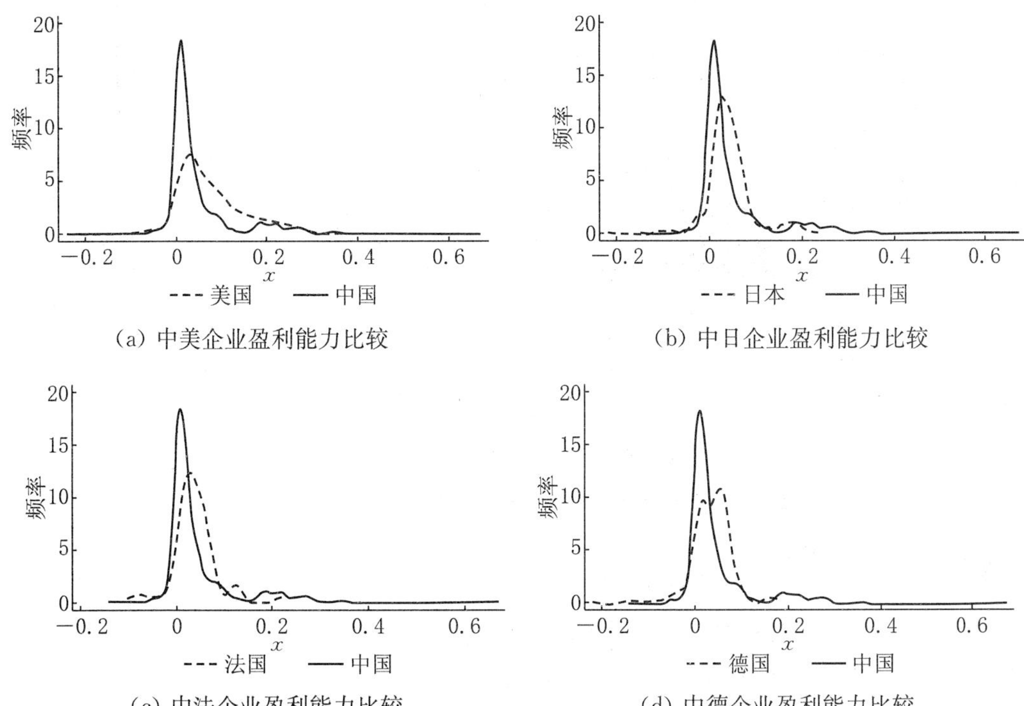

图 1.2 国家间世界 500 强企业盈利能力比较

注:图中 x 表示利润率。
数据来源:财富中文网。

(四) 小企业盈利能力远高于大企业

我国世界 500 强企业的盈利水平相对较低,利润率主要集中在 0 附近,那么是哪些企业的盈利性较低呢?为了回答这一问题,将样本国家内的各个企业按照利润总额-营业收入绘制了散点图(其中实点圆点代表中国 500 强企业,空心圆点、空心菱形、空心三角形和空心方块分别代表美国、日本、法国和德国的企业)。散点图显示,整体而言,营业收入较少的企业(规模较小)盈利能力差异较大,盈利最高的企业净赚 800 亿美元,亏损最多的企业亏损接近 200 亿美元(空心圆点,表示美国的 500 强企业)。中国的 500 强企业的盈利水平虽然不是非常高,但整体上高于拟合线,高于部分美、日、法、德各国的世界 500 强企业,说明我国规模较小的世界 500 强企业的盈利能力相对较高。形成鲜明对比的是,我国规模较大的世界 500 强企业盈利能力相对较差(拟合线以下),这也就在一定程度上解释了我国世界 500 强企业盈利水平较低的原因,即大企业的低利润率影响了我国世界 500 强企业整体的经营效率。

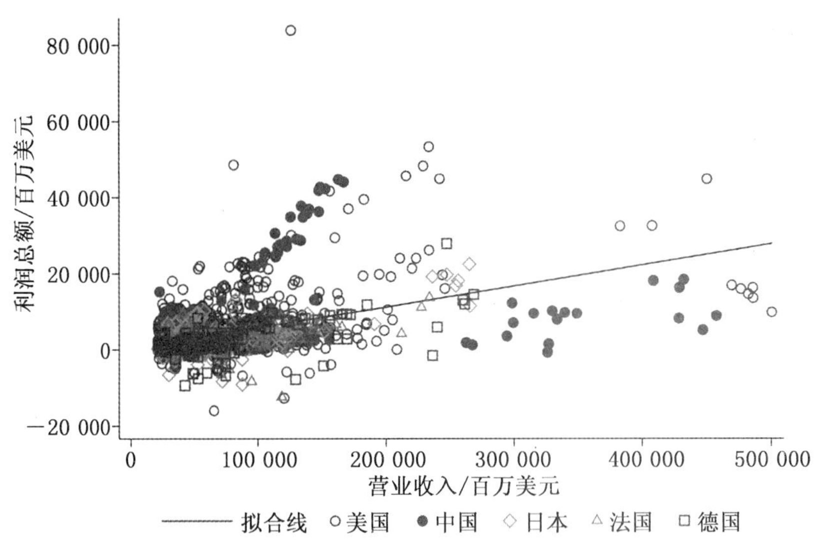

图 1.3 国家间世界 500 强企业利润—营业收入散点图

数据来源:财富中文网。

将美国与中国的企业样本分样本绘图后(图 1.4),这一特点更为明显,美国企业利润总额最高达到 800 亿美元,而中国最高仅 400 亿美元。而且中国企业利润总额分化十分明显,分布在拟合线的两端,而美国企业的利润总额都在拟合线上端,说明美国企业规模越大,规模效应与垄断定价能力越强,盈利能力也就越强,而中国则与之恰好相反,这也可能与企业所有制及其经济发展功能有关。低利润率的大企业虽然不是我国特有的,但是这一现象值得警惕,规模越大的企业会受到市场各个方面因素的影响,尤其是我国企业在面临复杂的国内和国际形势时,盈利能力的受限会约束其业务的进一步拓展。

二、 总部承载能力的空间异质性

中国企业在世界 500 强中的表现十分抢眼,无论数量还是经营质量,都是世界级的。但是,我国地域辽阔,各地承接世界 500 强企业总部的能力差异较大。因此,世界 500 强企业在中国内地分布的空间差异明显。为此,我们将世界 500 强中的中国企业按照企业总部所在城市进行了分类(图 1.5)。可以发现,中国的世界 500 强企业主要集中于北京市(53 家,占总数比重超过 40%),而国际化程度最高的香港仅拥有 8 家 500 强企业总部,说明我国世界 500 强企业总部选址主要参考的是政治因素,辅之以市场因素。北京作为我国首都,政治资源雄厚,政策优势明显,这里的世界 500 强

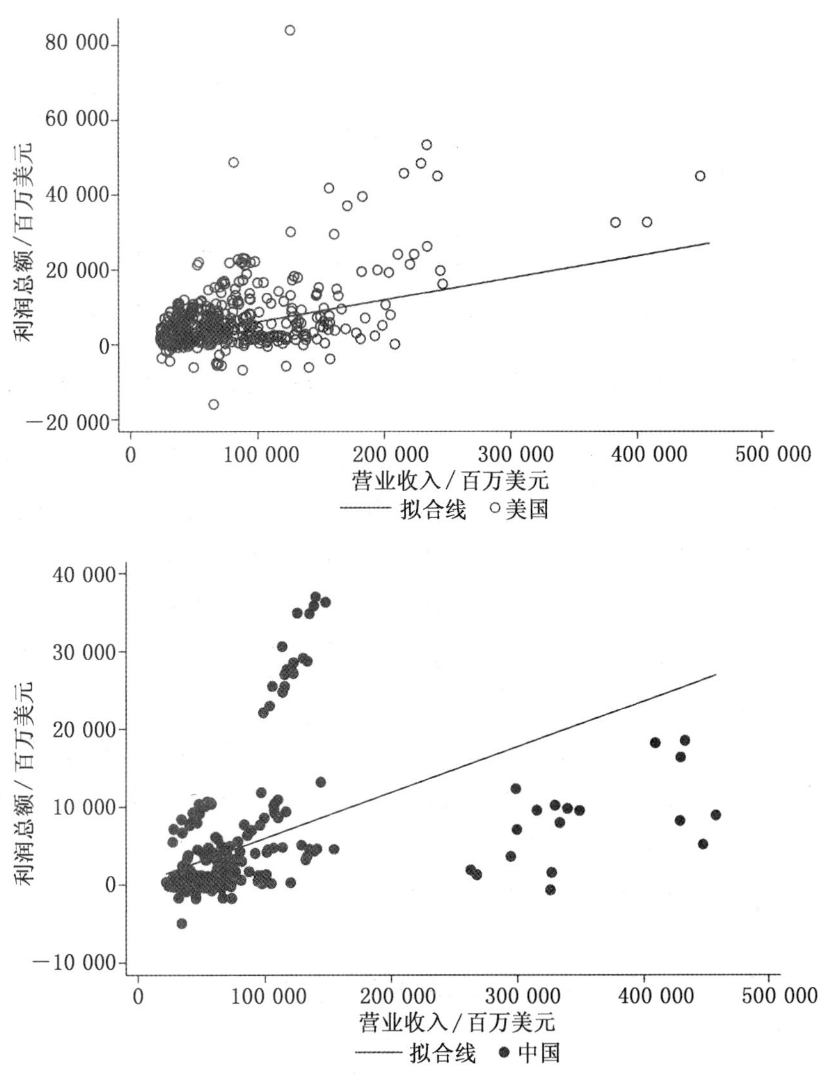

图 1.4 美国与中国 500 强企业利润—营业收入散点图

数据来源:财富中文网。

企业将首都的政策优势与地方的市场优势相结合,充分利用我国经济发展过程中的政治经济红利。

不仅是世界 500 强企业,中国 500 强企业也大多集中在北京(107 家),而且北京的中国 500 强企业的盈利能力相对较高(北京的中国 500 强企业的平均利润率约为 8.8%,而上海的平均利润率仅为 8.3%),说明上文得出的结论基本属实(图 1.6)。相较于北京市,上海市的世界 500 强企业政策优势明显不足,所以上海市的 500 强企业数量要明显少于北京市。上海的世界 500 强企业数量仅为 7 家(较上年减少 1 家),

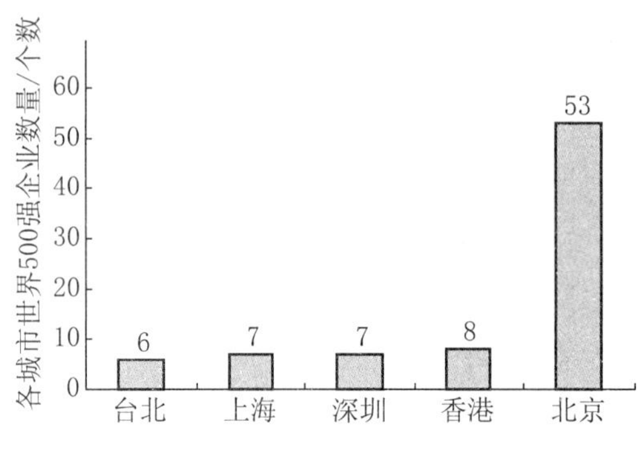

图 1.5　世界 500 强企业区域分布状况

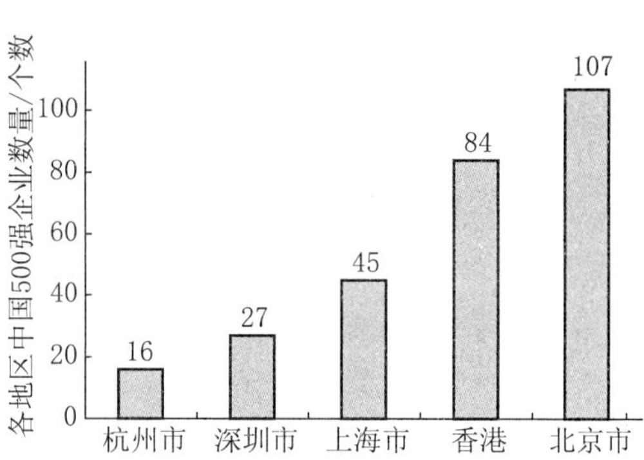

图 1.6　中国 500 强企业区域分布状况

中国 500 强企业数量为 45 家，较 2017 年仅有小幅度上升，尽管这一数字相较于珠三角(广州和深圳等地)、长三角(浙江和江苏等地)上海以外其他地区依然存在优势，但是，与北京的差距并未出现缩小的趋势。因此，上海的企业和政府更应该抓住并珍惜在上海实施的国家战略的机遇，如上海自贸试验区、长三角区域经济一体化发展战略等。依附国家层面的发展战略与上海市特有的市场深度与广度，将上海市的总部经济层级推上一个新的台阶。

当然，除了北京以外，其他地市同样具有一定的企业总部承载能力，如广东省和浙江省，其中国 500 强企业的平均利润率均高于 9.5%。说明我国总部经济发展并非一开始便是集聚发展，只要政策妥当且管理高效，各地都可以培养甚至引进适合当地发展的世界 500 强与中国 500 强企业。

三、 上海的世界 500 强企业的市场表现

世界 500 强中的上海企业，依然表现出积极向上发展的姿态。2018 年，上海市进入世界 500 强的企业一共有 7 家，与 2017 年进入世界 500 强的企业数量接近，且上榜企业也依然是原先的企业，相比于上年唯一出现的变化是“中国华信能源有限公司”未进入世界 500 强行列，遗憾的是，我们并不清楚其落选的原因。

当然，其余 7 家企业不仅顺利进入 2018 年的世界 500 强榜单，排名相对于 2017 年也发生了很大的改观，全部 7 家企业排名相比于上一年度均有所提升(表 1.1)，平均而言，每家企业排名提升了 12 位。其中表现最为突出的是中国宝武钢铁集团，排名从 2017 年的 204 位上升到 2018 年的 162 位，前进了 42 位，从图 1.7 中不难看出，中国宝武钢铁集团的规模增长得最快，2018 年的营业收入约为 590 亿美元(表 1.1)，相比于 2016 年增长了 63.8%。其营业规模的快速扩张，离不开我国国有企业改革的

稳步推进，2016 年 9 月 22 日，国资委发布消息，同意上海的宝钢集团与武汉钢铁（集团）进行重组，将武汉钢铁（集团）全部无偿划入宝钢集团，重组后的母公司更名为中国宝武钢铁集团。中央层面的行业调整使得宝武钢铁集团的经营规模更大，经营范围更广，经营效率更高①，使得中国宝武钢铁集团在国际舞台上的表现亦十分抢眼。当然，中国远洋海运集团有限公司②同样是国资国企改革的受益者，集团成立之后，远洋海运集团的营业收入扩张了 54%，在世界 500 强中的地位也上升到了第 335 位。

表 1.1 上海市中国 500 强 2016—2018 年排名状况

企业名称	2018 年排名	2017 年排名	2016 年排名
上海汽车集团股份有限公司	36	41	46
中国宝武钢铁集团	162	204	275
交通银行	168	171	153
中国太平洋保险（集团）股份有限公司	220	252	251
上海浦东发展银行股份有限公司	227	245	227
绿地控股集团有限公司	252	277	311
中国远洋海运集团有限公司	335	366	465

数据来源：财富中文网。

在世界 500 强企业名单中，前进位次较少的两家上海企业是上汽集团和交通银行。结合表 1.1 与图 1.7 可以看出，上海汽车集团虽然排名相对于 2017 年仅前进了 5 位，但营业收入出现明显的增长，较上年增长了 13.27%(128/113-1)。这主要是因为上汽集团已经进入世界 500 强企业的行列，其营业规模越来越大，但是当位次相近的企业规模发生同方向变化时，单个企业规模的大幅度提升并不一定会带来名次的明显变化。交通银行营业收入在 2017 年出现了小幅度下滑，因此，其在世界 500 强中的位次变化并不是很大，这也与近些年来我国实体经济低迷，金融业务拓展空间有限有很大关系。再加上近几年的去产能、去库存、去杠杆、降成本、补短板的发展导向下，银行业或多或少都会受到波及。因此，交通银行未来的发展潜力有待进一步观察。

整体来看，上海的世界 500 强企业在过去一年中的表现可圈可点，在 2017 年的基础上都表现出了一定的增长势头，当然，存在的不足短期内也难以解决，需要长期

① 两家国资企业的合并重组，有助于淘汰重复部门的落后产能，精简机构，提升钢铁行业的占有率，进而提升企业整体的经营能力。

② 中国远洋海运集团有限公司（简称中国远洋海运集团）于 2016 年 2 月 18 日在上海正式成立，由中国远洋运输（集团）总公司与中国海运（集团）总公司重组而成。

的系统性和科学性规划才可能克服。首先，上海的世界500强企业全部是国企，民营企业缺位，大国企的发展策略在上海市表现得同样十分明显；其次，中国世界500强企业数量连续6年增长，而上海市的世界500强企业数量并未增加，反而减少，说明上海市近些年总部企业的发展并未起到实质性作用①，即着力培养上海当地各行业新兴的龙头企业。因此，上海市总部经济的发展依然任重而道远。

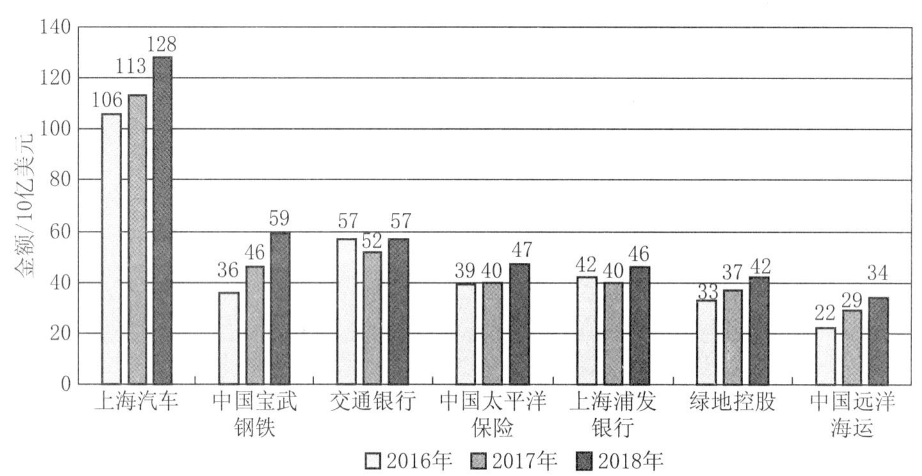

图1.7 世界500强上海企业近三年规模变化趋势图

数据来源：财富中文网。

四、上海的中国500强企业的市场表现

2018年，上海的中国500强企业共计45个，相比于2017年减少了4家企业，其中2017年中有5家企业未进入2018年的榜单：这些企业分别是上海大生农业金融科技股份有限公司、上海物资贸易股份有限公司、上海陆家嘴金融贸易区开发股份有限公司、中华企业股份有限公司和中远海运能源运输股份有限公司，而首次进入榜单的则是德邦物流股份有限公司，其营业收入相比于上年增长了19.7%。

首先，从企业规模上看，2017—2018年度榜单均出现的上海企业共44家，平均规模超过900亿元，企业规模平均增长了15.50%（表1.2）。其中，排名前五位的分别是：上海汽车集团股份有限公司、中国太平洋保险（集团）股份有限公司、绿地控股集团股份有限公司、中国宝武钢铁集团有限公司和国药控股股份有限公司，这5家企业

① 2018年世界500强中新增的13家中国企业中，有5家来自香港和台湾，说明中国整体经济发展不断产生溢出效应，这一效应正源源不断地造福两岸三地的企业。

平均规模的增长率高达 23.14%。不仅如此，企业的平均利润也从 2017 年的 55.79 亿元上升到 2018 年的 68.14 亿元，平均增长 22.16%。这样一来，企业创造利润的增速超过规模扩张的增速，平均利润率亦会表现出上升的趋势，上升 0.41%。这一点意味着，上海企业的规模仍然存在扩张的空间与潜力，企业规模经济依然存在正的外部性，扩大企业规模将会进一步提升企业创收的能力。

表 1.2 上海市中国 500 强企业经营指标年度汇总表 （单位：亿元）

年份	营业收入	利润	总资产	净资产	市场价值	净资产收益率/%
2017	782.60	55.79	4 976.64	554.91	702.86	6.45
2018	903.91	68.14	5 385.59	631.61	796.22	9.15

数据来源：财富中文网 2017—2018 年中国 500 强企业榜单，上述数据是对上海 44 家企业求均值后得出。

其次，从企业的资本市场表现来看，上海的中国 500 强企业表现强劲。企业平均总资产规模首次超过 5 000 亿元，较 2017 年增长 8.22%，净资产规模也增长了 13.82%，这些数字仅仅意味着企业规模的增加，对于预期收益并没有实质性影响。而企业市场价值和净资产收益率的提升则对企业未来的盈利预期有很大的帮助。其中，企业平均市场价值达到 796.22 亿元，较上年增长 13.28%，市场价值的提升有助于提升企业在资本市场中的知名度，有利于企业扩大再融资。另外，平均净资产收益率从 6.44 上升到 9.15，增长 42.08%，增长明显。净资产收益率是净利润与股东所有者权益的比值，比值越高，单位股东所有者权益创造利润的能力越强，企业预期创收能力强，未来估值高。

五、 上海的上市公司企业总部的市场表现

上海证券交易所作为我国主要的证券交易平台之一，给上海地区的企业提供了便捷高效的资金融通渠道，越来越多的上海企业愿意通过上海证券交易所上市，获取社会融资。截至 2018 年年底，在 A 股上市的注册地址在上海市的公司共计 286 家（图 1.8），相比于 2017 年前增加 7 家。在 2018 年中国上海市上市公司市值百强排行榜中，市值超过百亿元的有 73 家。境外资本市场方面，2018 年本市新增上市企业 26 家，募集资金 439.99 亿元。其中港股上市企业 12 家，同比增长 91.67%，募集资金约 96.17 亿元；纳斯达克上市企业 8 家，同比增长 87.5%，募集资金约 160.25 亿元；纽交所上市企业 6 家，同比增长 50%，募集资金约 100.38 亿元，均创历史新高。

图 1.8 显示，2014—2019 年间，随企业数量逐渐增加的还有企业的平均总资产和平均营业总收入两项指标，5 年间的平均增长率分别为 6.27%和 2.22%，上市公司总体规模和盈利水平一直处于上升趋势（对应时间段内上市公司数量的年均增长率为 7.20%，平均每年新上市公司 17 家）。值得一提的是，上述三项指标的增速都出现了一定的放缓。其中，企业的平均总资产从 2017 年的 921.88 亿元下降到 2018 年的 915.05 亿元，下降的速度有所放缓；平均营业总收入则从 2017 年的 160.56 亿元上升到 2018 年的 162.26 亿元，出现小幅反弹；上市公司数量则增长得并不明显，2018 年仅增加了 7 家上市公司。上市公司经营指标的放缓，一方面可能是因为公司数量的持续快速增加（小规模上市公司）稀释了原有的企业指标，使指标均值出现回落。另一方面，优质的本土企业越来越倾向于在港股和美股上市，使得本土上市的公司是已经被市场筛选过后（根据发展潜力）的企业。

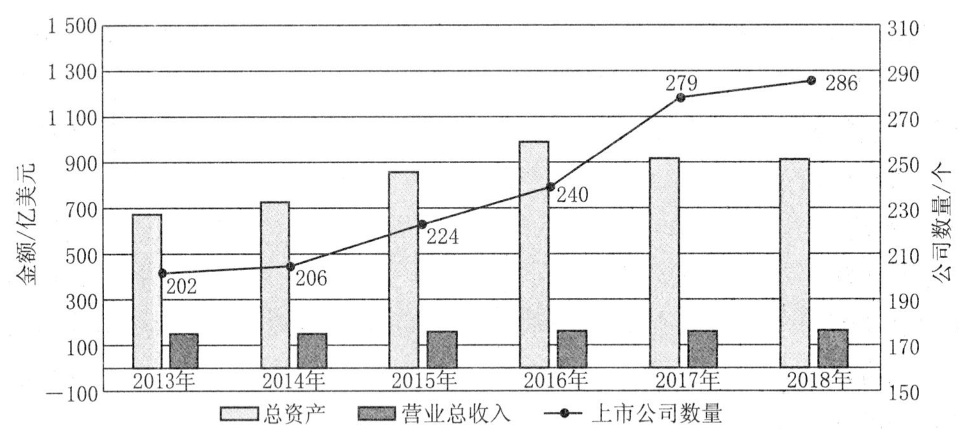

图 1.8 上海市上市公司发展趋势图

数据来源：Wind 数据库。

第二章 上海各区总部经济及商务楼宇发展现状

第一节 上海各区总部经济的概况总览

2017 年，上海新增跨国公司地区总部 45 家，其中 14 家为亚太区总部，全市跨国公司地区总部总数达到 625 家，其中 70 家为亚太区总部；全年新增外资研发中心 15 家，外资研发中心总数达到 426 家。从各区新增跨国公司地区总部的数量上看，空间差异依然十分巨大。图 2.1 显示，浦东新区以新增 16 家位居上海市榜首，占全市新增总部数量的 35.6%，其中投资性总部 6 家，管理型总部 10 家。其次，闵行区、静安区和徐汇区分别增加 7 家、6 家、4 家跨国公司地区总部，各区新增跨国公司总部数量基本保持稳定。另外，宝山区、松江区、奉贤区和金山区在 2017 年并没有新增的跨国公司地区总部。

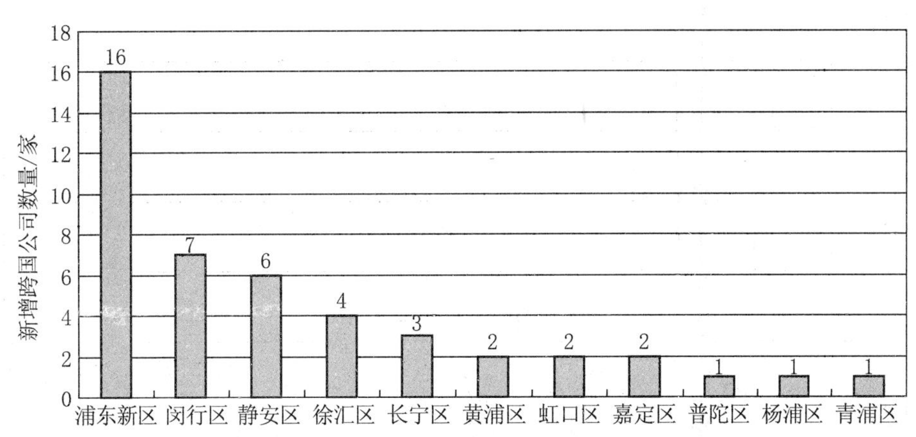

图 2.1 2017 年上海市新增跨国公司地区总部分布图

数据来源：上海市各区资料汇总。个别区域的统计数字存在偏差。

相比于 2016 年，全市跨国公司地区总部总数达到 625 家，分布在全市 14 个区中（仅金山区和崇明区没有跨国公司地区总部），总部规模首次突破 600 家。其中，浦东新区是跨国公司总部数量最多的区域，共 281 个，约占全市跨国公司总量的 45%。徐汇区、静安区、长宁区、黄浦区、闵行区、嘉定区的跨国公司总量分别上升到两位数。杨浦区、普陀区、松江区、奉贤区、虹口区和青浦区的总部数量依然在个位数徘徊，整体数量分布较 2016 年并无显著变化。从增长率上看，虹口区、青浦区和闵行区的增长势头强劲，较 2016 年分别增长 33%、20%和 18%，远高于其他地区的增长率（图 2.2）。

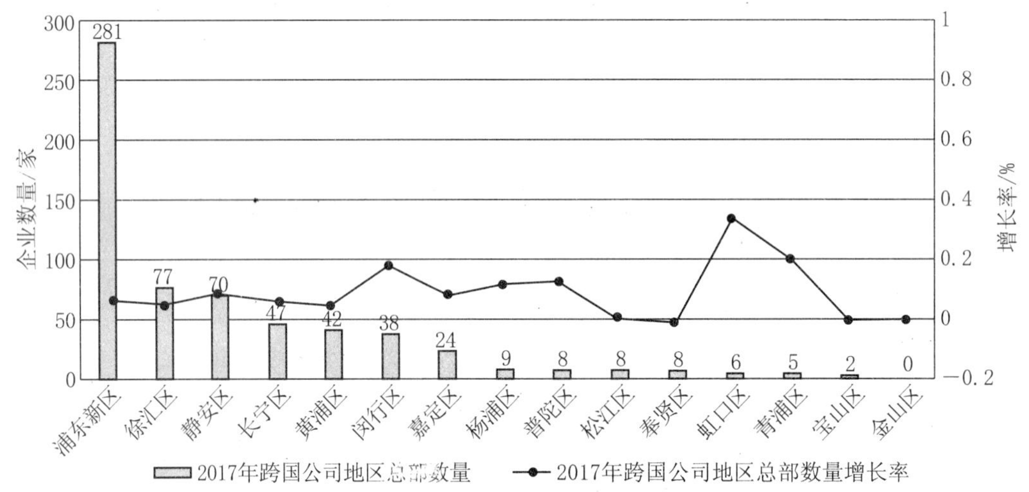

图 2.2　2017 年上海全市跨国公司地区总部分布图

数据来源：上海市各区资料汇总。个别区域的统计数字存在偏差。

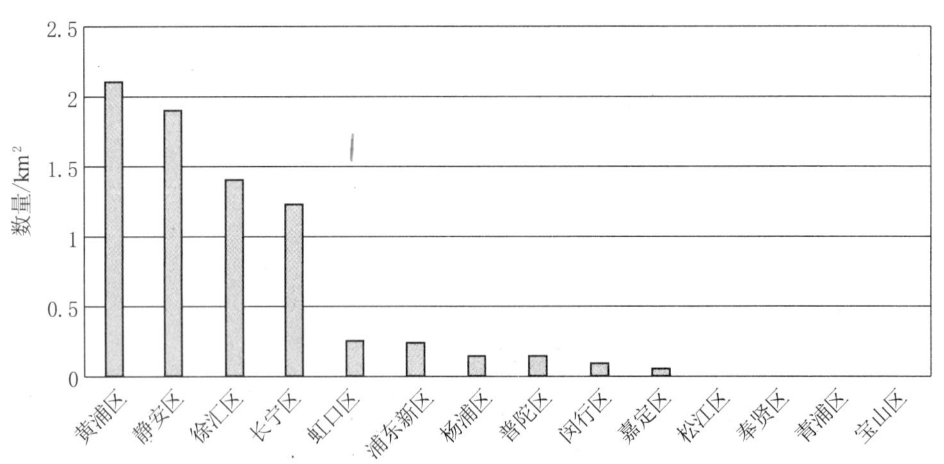

图 2.3　2017 年上海全市跨国公司地区总部集聚程度

注：数据来自上海市各区资料汇总，个别区域的统计数字存在偏差。

从集聚程度上看(单位行政区划面积中跨国公司地区总部数量),黄浦区、静安区、徐汇区、长宁区在全市排前4位,每平方公里的土地上就有超过1个跨国公司地区总部(图2.3),高密度的跨国公司地区总部数量使得总部经济的外部性和规模效应被逐渐释放,然而,有限的地区土地资源制约着当地跨国公司总部数量的进一步增长。浦东新区虽然跨国公司总部的数量最多,但是密度相对较小,总部经济的集聚性发展仍有很大的潜力。

第二节　浦 东 新 区

一、 跨国公司地区总部发展概况

2017年,浦东新区总部经济持续健康发展,总部企业能级规模持续提高,运营环境不断改善。全年新获认定跨国公司地区总部16家,占全市(45家)的35.6%,其中投资性总部6家,管理性总部10家。有5家总部企业提升管理能级,获得上海市亚太区总部认定。

至2017年末,浦东新区历年累计获认定的跨国公司地区总部达到281家,占全市(共625家)的45%(表2.1)。其中112家投资性总部,占总数的39.9%;169家管理性总部,占总数的60.1%。

表2.1　浦东新区总部企业数量变化趋势　(单位:家)

年份	浦东累计	上海累计	浦东占比/%
2012	193	403	47.9
2013	214	445	48.1
2014	229	490	46.7
2015	246	535	45.9
2016	265	580	45.7
2017	281	625	45.0

数据来源:浦东新区商务委员会。

二、 浦东新区总部经济发展特征

(一) 总部机构加速集聚,上海自贸区成热点

陆家嘴金融城(陆家嘴片区)、上海自贸试验区保税片区和张江高科技园区(张江

片区)是跨国公司地区总部集聚度最高的3个区域,分别有92家、84家和56家。自2013年上海自贸试验区设立以来,已获得众多跨国公司青睐,将地区总部设在上海自贸试验区内。截至2017年底,已有228家地区总部落户上海自贸试验区内,占浦东新区总数的81%。

(二)总部经济已成为浦东参与配置国际国内资源的经济地标

总部经济不断向高能级、强功能和创新性发展,跨境资源配置能力不断增强。目前全球500强企业有320家在浦东投资了1 200多个项目,浦东有一百多家跨国公司地区总部具备全球或亚太区总部功能。自上海市推出亚太区总部认定以来,至2017年末,新区累计经认定的亚太区总部达29家,占上海全市(共68家)的42.6%,其中2017年全年有海虹老人(中国)管理有限公司、普立万企业管理(上海)有限公司、诺玛科(上海)企业管理有限公司、希革斯贸易(上海)有限公司、耐克森(中国)线缆有限公司等5家亚太区总部获新认定。这些总部企业坐镇浦东,掌舵亚太资源,体现了浦东开放型经济的发展高度。

(三)总部产业集聚效应明显、经济贡献显著、丰富度不断提高

总部经济的蓬勃发展,促进了浦东产业不断转型升级,为浦东"四个中心"核心功能区和自贸试验区建设,打造和完善浦东高端产业链和生态链做出了重要贡献,增强了浦东的综合竞争力,已成为浦东创新驱动、转型发展的重要推动力。

2017年,围绕建设上海自贸试验区国家战略,一批创新型事业部总部成为新亮点。宜家集团家具销售总部与全球供应链总部是完全独立的两个事业部体系,在其家居销售总部已扎根浦东的现状下,宜家贸易(中国)有限公司作为集团全球供应链总部于2017年成功经认定成为跨国公司地区总部。

(四)总部企业加强研发创新,吸引高端人才集聚

与上海建设具有全球影响力的科创中心相协同,浦东总部企业坚持以研发创新为驱动力,不断发挥产业链聚合、开放式创新、研发人才集聚等溢出效应。作为上海地区全球性研发中心最密集的区域,浦东还陆续吸引了通用电气、霍尼韦尔等世界500强企业在此设立其全球前三的研发中心。2017年全年浦东新区吸引了和铂医药(上海)有限公司责任公司、上海申淇医疗科技有限公司、博通集成电路(上海)股份有限公司、大道网络(上海)股份有限公司、上海透景生命科技股份有限公司、上海德不犹生物科技有限公司等外资研发中心共6家。至此,浦东新区历年累计研发中心达

到227家，占上海全市(443家)的51.2%。

（五）总部经济共享服务中心（平台）助推总部经济发展

2017年，总部共享服务中心继续发挥政府多部门集成服务优势，形成协同服务和联动效应，通过精准服务、增值服务、延伸服务为总部经济发展创造更加良好的营商环境，并有效推动了科创中心人才政策、公安出入境新政等实施。公安出入境、海关、检验检疫、人保、税务、市场监督等部门继续联手为总部企业开展最新政策解读，全年达到43场，共计超过6 000人次参与。中心先后走访和接待了100多家总部企业，认真听取总部意见和建议，协调总部企业各类事务达50多次，并在推荐外籍高管申请永久居留身份证、为外籍高管提供体检VIP绿色通道预约服务、协助办理口岸签证和APEC商旅卡等方面取得积极成效，得到总部企业的充分肯定。

三、浦东新区总部经济发展现状

浦东新区是全国第一个发展总部经济的地区。经过20多年的开发开放，浦东依靠“先行先试”政策优势打造了成熟的产业链，依靠长三角广阔的腹地形成了总部和制造业产业梯度分工格局，吸引了一大批跨国公司地区总部、国内大企业总部等总部企业落户。

浦东新区不断优化完善政策扶持措施和服务机制，促进总部功能发挥和能级提升，逐步推动内外资总部共同发展。“十一五”期间出台了《关于鼓励国内大企业在浦东新区设立总部的暂行规定》，十一五末，围绕“创新驱动，转型发展”、促进“四个中心”核心功能区建设，先后出台了“十二五”期间《浦东新区促进总部经济发展财政扶持办法》①和《浦东新区促进总部经济发展财政扶持办法实施细则》，为浦东新区“十二五”②期间总部的集聚和进一步提升发展奠定了较好的基础。

经过浦东新区政府的不断培育和支持，总部经济对经济社会的贡献度不断提高。总部营运结算功能特征明显、总部决策管理、研发创新、共享服务等多项功能逐步发挥，具有能级强、效益好、贡献大、带动和引领作用突出等特点。

“十三五”以来，浦东新区不断推动总部企业提升能级、增加总部类型丰富度、强化总部功能、放大总部企业效益。在“十二五”期间的跨国公司地区总部、大企业总

---

① 浦府〔2011〕151号。

② 浦商委字〔2011〕4号。

部、区域性总部的基础上，新增了营运总部和高成长性总部两种类型的总部。截至2017年底，累计认定大企业总部和区域性总部企业87家，其中大企业总部23家，区域性总部64家；除20家外资总部（大企业总部1家，区域性总部19家）外，民企占48%，央企占15%、地方国企14%，投资来源地主要分布在北京、浙江、江苏、福建、广东、江西、山西、四川等省。87家总部累计投资额共约1 385.41亿元，总资产共9 377.02亿元，纳税276亿元，同比增长48%，户均纳税约3.2亿元（表2.2）。其中2017年，浦东新区对沪江教育科技（国内企业规模和用户体量最大的互联网学习平台）、恩捷新材料科技（进入特斯拉华核心供应链的锂电隔膜细分行业全球领先企业）、岱美汽车内饰（遮阳板市场占有率全球第一，达到25%）、晶丰明源半导体（LED灯芯片细分领域全球领先企业）等16家大企业总部和区域性总部企业进行了认定，推动上药控股有限公司和上海锐澳酒业营销有限公司从区域性总部升级成为大企业总部。

同时，浦东新区鼓励总部企业，深耕上海、服务全国、走向世界，充分利用浦东新区特别是上海自贸试验区、科创中心建设方面的政策优势，拓展国际化进程，培育更多的本土跨国公司。企业被认定为总部后，增强了扎根浦东发展的信心，不断追加投资，吸引关联企业入驻，部分总部企业以浦东为基地，加快拓展国际化进程。阅文信息技术公司以网络文学撬动产业发展，以区域性总部为起点，谋划在浦东设立跨国公司地区总部，提升总部功能。传英信息技术公司成为非洲手机之王，手机市场份额占非洲重点国家市场份额40%，并利用现有销售网络，成为非洲电子产品类零售+销售渠道第一网，2018年拓展至印度市场。

表2.2 浦东新区大企业总部、区域性总部2017年度主要经济数据完成情况（单位：亿元）

序号	企业名称	总部类型	投资额	总资产	税收
1	中国建筑第八工程局有限公司	大企业总部	95.00	907.00	7.75
2	南方水泥有限公司	大企业总部	100.00	899.11	0.36
3	招商局能源运输股份有限公司	大企业总部	52.99	169.46	0.08
4	上海大智慧股份有限公司	大企业总部	19.80	19.76	0.10
5	欧普照明有限公司	大企业总部	5.79	53.78	3.88
6	上海美特斯邦威服饰股份有限公司	大企业总部	25.10	84.31	1.67
7	红星美凯龙家居集团股份有限公司	大企业总部	39.38	397.35	2.08
8	上海闽兴大国际贸易有限公司	区域性总部	2.00	11.33	0.56
9	上海浦东海澜之家服饰有限公司	区域性总部	0.10	46.81	0.51
10	万得信息技术股份有限公司	大企业总部	6.40	52.00	1.78
11	上海复星化工医药创业投资有限公司	区域性总部	1.25	3.02	0.32
12	上海天华建筑设计有限公司	区域性总部	0.10	18.86	0.75
13	上海海尼药业有限公司	区域性总部	1.10	31.03	2.69

续表一

序号	企业名称	总部类型	投资额	总资产	税收
14	上海信达立人投资管理有限公司	区域性总部	5.00	46.46	0.24
15	上海中煤华东有限公司	区域性总部	1.30	9.73	0.54
16	上海吉祥航空有限公司	大企业总部	17.90	151.84	7.64
17	建发(上海)有限公司	区域性总部	2.00	43.05	0.71
18	国药控股分销中心有限公司	大企业总部	20.00	72.46	2.37
19	江铜国际贸易有限公司	区域性总部	10.10	101.66	0.44
20	中石化海洋石油工程有限公司	区域性总部	20.00	54.00	0.26
21	中国石油天然气股份有限公司华东化工销售分公司	区域性总部	0.00	23.80	2.14
22	上海华讯网络系统有限公司	区域性总部	1.20	39.49	2.42
23	上海百金化工集团有限公司	区域性总部	5.10	11.53	0.22
24	申能股份有限公司	区域性总部	45.52	248.00	0.58
25	上海华信国际集团有限公司	大企业总部	145.00	1 055.60	8.16
26	上海证大商业旅游投资发展有限公司	区域性总部	2.00	17.52	0.08
27	上海康桥实业发展(集团)有限公司	区域性总部	1.80	59.41	0.05
28	东方希望集团公司	大企业总部	8.00	291.70	1.83
29	上海清美绿色食品有限公司	区域性总部	0.86	8.79	0.49
30	上海长顺电梯电缆有限公司	区域性总部	0.35	6.18	0.86
31	泛亚班拿国际运输代理(中国)有限公司	区域性总部*	0.13	11.87	0.81
32	上海天祥质量技术服务有限公司	区域性总部*	150.00*	9.57	1.74
33	瑞韵达贸易(上海)有限公司	区域性总部*	100.00*	11.67	1.11
34	上海必胜客有限公司	区域性总部*	1.03	15.56	0.90
35	保时捷(中国)汽车销售有限公司	区域性总部*	1 238.00*	110.04	12.63
36	六洲酒店管理(上海)有限公司	区域性总部*	13 00.00*	5.17	1.55
37	分众(中国)信息技术有限公司	区域性总部	3.00	5.20	0.55
38	沃尔玛华东百货有限公司	区域性总部*	5 354.00*	5.89	0.44
39	英迈电子商贸(上海)有限公司	区域性总部*	7.17	33.56	0.51
40	上海世源建材贸易有限公司	区域性总部*	0.54	11.00	0.20
41	上海刚泰黄金饰品有限公司	区域性总部	8.00	31.96	0.56
42	二三四五网络科技股份有限公司	大企业总部	15.00	42.05	0.28
43	上海华虹(集团)有限公司	区域性总部	39.90	40.46	3.40
44	上海 ABB 工程有限公司	区域性总部	4 000.00*	65.84	4.81
45	上海文峰千家惠购物中心有限公司	区域性总部	1.05	2.40	0.45
46	上海锐澳酒业营销有限公司	大企业总部	0.05	5.08	1.25
47	铜陵有色金属集团上海投资贸易有限公司	区域性总部	5.00	28.27	0.13
48	上海生水国际贸易有限公司	区域性总部	0.30	3.11	0.11
49	上海绿谷制药有限公司	区域性总部	0.50	12.30	1.76

续表二

序号	企业名称	总部类型	投资额	总资产	税收
50	亚玛芬体育用品贸易(上海)有限公司	区域性总部*	250.00*	6.69	1.10
51	上海启润实业有限公司	区域性总部	2.00	13.91	0.33
52	上海阅文信息技术有限公司	区域性总部	0.10	18.20	1.67
53	中石油东部管道有限公司	区域性总部	100.00	9.90	44.88
54	上海亿马系统有限公司	区域性总部	0.54	3.40	0.79
55	上海东兴投资控股发展有限公司	区域性总部	4.08	194.48	1.03
56	上海国际港务(集团)股份有限公司	大企业总部	231.00	971.23	10.40
57	上海博华国际展览有限公司	区域性总部	20.00*	4.49	0.77
58	上海原龙投资控股(集团)有限公司	区域性总部	0.50	53.07	0.26
59	上海新致软件有限公司	区域性总部	1.30	8.45	0.51
60	上海华服投资有限公司	区域性总部	3.30	56.00	0.01
61	卫宁健康科技集团股份有限公司	大企业总部	15.90	32.41	0.84
62	上海药明康德新药开发有限公司	大企业总部	10.00	71.25	0.28
63	长泰商业经营管理有限公司	区域性总部	1.00	39.20	0.81
64	上药控股有限公司	大企业总部	50.00	180.82	3.61
65	均瑶集团上海食品有限公司	区域性总部	0.10	6.85	0.73
66	上海凯利泰医疗科技股份有限公司	区域性总部	7.20	23.64	0.43
67	上海传英信息技术有限公司	区域性总部	0.10	1.80	0.35
68	中国石化上海高桥石油化工有限公司	大企业总部	100.00	254.33	109.89
69	中船投资发展上海有限公司	区域性总部	10.00	37.00	0.30
70	红星美凯龙控股集团有限公司	区域性总部	2.00	1 355.00	0.64
71	嘉科工程	区域性总部*	1 020.00*	1.50	0.27
72	沪江教育科技(上海)股份有限公司	区域性总部	5.00	6.73	0.43
73	上海东松医疗科技股份有限公司	区域性总部	0.22	14.80	0.32
74	欣凯医药化工中间体(上海)有限公司	区域性总部	0.12	5.72	0.39
75	上海二三四五金融科技有限公司	区域性总部	17.40	32.30	0.58
76	上海岱美汽车内饰件股份有限公司	区域性总部	4.10	38.11	0.63
77	晶晨半导体(上海)股份有限公司	区域性总部*	3.70	12.04	0.52
78	上海鼎信投资(集团)有限公司	大企业总部	22.00	71.00	0.61
79	上海恩捷新材料科技股份有限公司	大企业总部	3.80	24.09	0.72
80	环旭电子股份有限公司	大企业总部*	21.70	75.99	0.81
81	上海中谷物流股份有限公司	大企业总部	6.00	47.53	2.21
82	上海现代制药股份有限公司	区域性总部	11.09	85.46	0.84
83	中化国际(控股)股份有限公司	区域性总部	20.80	173.65	0.75
84	一兆韦德健身管理有限公司	区域性总部*	1 200.00*	16.08	0.38
85	戴德梁行房地产咨询(上海)有限公司	区域性总部*	0.05	5.20	0.88
86	伊泰能源投资(上海)有限公司	区域性总部	0.50	5.67	0.47
87	海亮金属贸易集团有限公司	区域性总部	3.00	32.99	0.81

注:总部类型中标“*”为外资企业,投资额标“*”的单位为万美元。

数据来源:浦东新区商务委员会。

四、 浦东新区总部经济发展建议措施

（一）打造国际化、市场化、法制化的营商环境

努力使政府制定的各项制度安排在法律许可范围内契合市场的需求，在凸显出法律的人文关怀的基础上，降低了制度性交易成本，提高浦东地区吸引总部企业发展的竞争优势。

政务环境：政府部门内部，使服务制度更加精准化，各项活动有章可依，部门之间加强沟通，针对市场问题及时做出有效的集成服务。

市场环境：充分利用上海自贸试验区扩区和浦东综合改革，深化与扩大开放相适应的投资管理制度创新，突破体制机制税制瓶颈。

法治环境：与目前国际通行规则更加接轨，执法过程中做到有法可依，公正公平，尤其是在保护知识产权方面，打造全国知识产权保护法治高地。

社会环境：一方面，为高级专业化人才提供宜居、便利的生活环境，另一方面通过政策扶持促使总部企业，通过与企业合作，承担更多的社会责任。

（二）加强部门联动，为总部企业打造良好的生存空间

相关职能部门形成组合拳，在政策、创新模式、空间资源、融资、人才引进、子女入学、人才公寓配套等方面给予支持，为总部企业创造良好的生存发展环境。

（三）积极引进和培育高能级总部（机构），不断做强总部功能

充分利用上海自贸试验区和浦东的改革创新政策，特别是发挥制度创新和服务业扩大开放的举措，集聚更多高能级总部和为更有效配置全球资源创造条件。

（四）与浦东二次创业战略目标相适应，不断增强总部经济丰富度

注重发展制造业总部与服务业总部并举，注重资产、投资规模、经济贡献度大的总部与有创新能力、发展潜力、功能性强的微型总部并举，注重引进外资跨国公司总部与培育本土企业总部并举。同时聚焦培育具有对外投资、销售管理、供应链管理、资金管理和结算等功能的国内民营企业营运中心，打造民营企业总部高地。争取在电子商务、会展、旅游、专业服务、高端猎头等总部空缺行业引进有引领性的总部。

第三节 黄 浦 区

黄浦区自从老黄浦和卢湾两区合并以后，区位优势进一步凸显。黄浦是上海的心脏、窗口和名片，地处上海城市中心的核心区域，商业商务发达，交通出行便利；外滩金融集聚带是上海国际金融中心“一城一带”的核心功能区之一，具有独特的战略定位优势；产业基础雄厚，已初步形成“6＋5＋X”高端服务业发展体系①，金融服务业、专业服务业发展全市领先；社会事业资源丰富，生活配套齐全；具有深厚海派文化积淀的历史人文优势，等等，这些都为总部经济的发展提供了良好的软硬件环境。“十三五”期间，黄浦要重点吸引高能级企业，包括总部型企业、行业中的龙头企业和功能型机构等，并促使这些企业集群式发展。

一、 黄浦区跨国公司总部情况

截至2017年底，黄浦区共有42家经上海市商务委认定的地区总部企业。其中投资性总部为19家，占总数的45%，管理性总部为23家，占总数的55%。区内总部企业呈现以管理性企业为主导的格局；从投资国别和地区看，日本投资的总部企业达12家，位居第一，其次是香港地区，投资企业数达11家，第三是欧盟，企业数为10家，第四是美国，企业数为3家；从总部的行业分类看，42家总部企业中，28家为制造业企业，占总数的67%，14家为服务业企业，占总数的33%；从总部的投资（管理）范围看，42家总部企业中，38家为中国区总部，4家为亚太区总部；总部企业运营情况良好，2017年黄浦区跨国公司地区总部约完成税收29亿元，贡献了涉外税收总量的10.3%。

2017年新增跨国公司地区总部分别是快乐蜂（中国）餐饮管理有限公司、蕾碧裳品牌管理（上海）有限公司以及恩梯梯通信系统（中国）有限公司。其中快乐蜂（中国）餐饮管理有限公司的投资方是新加坡JOLLIBEE WORLDWIDE PTE.LTD，投资总额9 813.362 4万美元，注册资本4 318.362 4万美元。蕾碧裳品牌管理（上海）有限公司的投资方是香港L Brands HK Management Company Limited，投资总额2 000万元人民币，注册资本1 400万元人民币。恩梯梯通信系统（中国）有限公司投资方是日本NTT通信株式会社，投资总额1 040万美元，注册资本1 040万美元（表2.3）。

① “6＋5＋X”高端服务业发展体系是指六大产业、五大新领域以及新兴服务业。其中，六大产业包括金融服务业、商贸流通业、文化创意业、专业服务业、休闲旅游业以及航运物流业；五大新领域包括新金融、新消费、创意2.0、大健康以及互联网＋。

表 2.3　2017 年黄浦区新增跨国公司地区总部

企业名称	国家或地区	行　业	投资额	注册资本额
快乐蜂(中国)餐饮管理有限公司	新加坡	餐饮业	9 813 万美元	4 318 万美元
蕾碧裳品牌管理(上海)有限公司	中国香港	服务业	2 000 万元人民币	1 400 万元人民币
恩梯梯通信系统(中国)有限公司	日　本	通讯业	1 040 万美元	1 040 万美元

数据来源:黄浦区商务委员会。

二、 黄浦区跨国公司总部特点分析

(一) 总部能级不断提升

随着中国市场对外资开放力度的不断加大以及跨国公司不断加大对中国的投资以及业务整合、黄浦区良好的投资运营环境,地区总部的能级不断提升,共有两家总部企业从原先的管理型总部提升为投资性总部,分别为哈曼和日立汽车;有三家总部企业从大中华区总部提升为亚太区总部,分别为百威英博、英威达、英富曼和必维船级社。

(二) 总部功能日趋完善

区内总部企业也已经从原来的单一管理或投资职能逐渐成长为具有多职能的总部。还有一批总部企业都将其销售中心、财务中心、营运中心、研发中心、人力资源中心等纳入其中,如理光、金佰利、斯凯孚,较好地发挥了区域总部功能。普利司通(中国)投资有限公司、金佰利(中国)有限公司被上海市商务委员会评为市级贸易型总部。

另外,区内一批成熟的总部企业的投资和管理规模保持良好增长势头,如圣戈班对外投资企业数已达到 51 家,英威达对外管理企业数达到 9 家。总部企业的价值得到进一步体现,企业的体量和规模也在不断增大。

(三) 现代服务业总部企业日益增多

近年来,一批有潜力的现代服务型企业逐渐发展成为总部型企业,如必维船级社、劳氏船级社、美国船级社等船级社企业;罗森、尼康等商贸企业;英富曼等会展类企业,使得区内总部企业投资领域进一步拓宽,同时也顺应了黄浦区大力发展高端服务业的产业导向。

三、黄浦区商务楼宇现状

黄浦区是上海市商务楼宇最密集的地区之一(表 2.4),2018 年全区的商务楼宇共 95 座,甲级商务楼宇 62 家,占总数的 65.26%,甲级商务楼宇占比高;这些商务楼宇中,入驻企业最多的是上海市黄浦区斜土路 768 号的致远大厦,共入驻 169 家企业,平均每栋楼的入驻企业个数约为 54 家;建筑面积最大的商务楼宇为外滩金融中心,总建筑面积为 19 万平方米,且全部的建筑面积都用作了商务经营,而商务楼宇的平均面积为 4.35 万平方米,且平均的商务面积仅为 3.65 万平方米,商务使用率为 83.9%。商务楼宇在提供商务场所和举办商务活动的同时,还是地方财政一块重要的税收来源,2016 年全年,95 家商务楼宇创造的税收收入 305.47 亿元,平均每个楼宇创造的税收收入 3.22 亿元,税收贡献最大的商务楼宇是海通证券大厦,全年缴税 30.72 亿元,占总缴税额的 10.04%。

表 2.4 2017 年黄浦区商务楼宇情况

商务楼宇名称	级 别	企业数/家	建筑面积/m^2	商务面积/m^2	税收/亿元	所属街道
华盛大厦	甲 级	116	52 000.00	39 847	0.92	外滩街道
联谊大厦	甲 级	46	29 500.00	29 000	1.19	外滩街道
浦汇大厦	甲 级	67	50 200.00	42 000	0.73	外滩街道
旺角广场	甲 级	106	32 114.00	302 900	4.20	外滩街道
新黄浦金融大厦	甲 级	18	37 000.00	35 000	1.69	外滩街道
久事商务大厦	甲 级	15	60 000.00	58 931	0.45	外滩街道
金光外滩	甲 级	66	82 000.00	80 000	15.92	外滩街道
申大厦	甲 级	14	32 000.00	23 220	0.16	外滩街道
解放日报大厦	非甲级	42	32 000.00	23 220	0.16	外滩街道
金融广场	甲 级	85	42 000.00	42 603	0.93	外滩街道
亚龙广场	非甲级	4	26 000.00	15 000	0.10	外滩街道
外滩华融大厦	甲 级	11	30 554.00	29 000	1.65	外滩街道
恒基大厦(名人商业大厦)	甲 级	20	97 246.00	96 000	6.32	外滩街道
宏伊国际广场	甲 级	38	63 453.00	30 000	0.89	外滩街道
外滩 SOHO	甲 级	40	50 000.00	60 000	0.01	外滩街道
外滩 SOHO 华鑫	甲 级	17	16 000.00	14 110		外滩街道
申鑫大厦	非甲级	105	31 000.00	27 876	0.89	外滩街道
中汇大厦	非甲级	37	17 246.57	15 547	0.42	外滩街道
久事大厦	甲 级	49	68 080.00	48 671	9.28	小东门街道

续表一

商务楼宇名称	级别	企业数/家	建筑面积/m^2	商务面积/m^2	税收/亿元	所属街道
外滩金融中心	甲级	66	190 000.00	190 000.00	1.97	小东门街道
新源广场、东方国际	甲级	42	124 331.00	120 000.00	25.88	小东门街道
金外滩国际广场	甲级	44	77 852.00	77 000.00	15.09	小东门街道
海通证券大厦	甲级	24	70 899.00	60 000.00	30.72	南京东路街道
华旭国际大厦	甲级	62	30 131.93	19 358.00	3.10	南京东路街道
科技京城	甲级	130	48 225.96	45 814.00	7.38	南京东路街道
创兴金融中心	甲级	62	64 650.00	43 316.00	6.26	南京东路街道
都市总部大楼	甲级	22	48 519.51	41 000.00	5.79	南京东路街道
华鑫海欣大厦	甲级	72	41 789.14	34 580.00	3.40	南京东路街道
来福士广场	甲级	79	91 621.53	87 733.00	12.25	南京东路街道
新一百大厦	非甲级	31	12 649.20	8 660.00	1.11	南京东路街道
永新广场	甲级	7	29 027.00	25 358.00	2.82	南京东路街道
春申江大厦	非甲级	70	12 030.00	10 030.00	0.73	南京东路街道
峻岭广场	非甲级	98	37 300.00	35 300.00	0.24	南京东路街道
港陆黄浦中心	甲级	42	15 344.10	11 844.00	0.12	南京东路街道
新金桥广场	甲级	18	24 000.00	12 044.00	0.39	南京东路街道
中区广场	甲级	59	47 000.00	37 387.00	0.62	南京东路街道
延福大厦	非甲级	2	19 948.00	15 000.00	1.59	南京东路街道
仙乐斯广场	甲级	37	75 096.00	52 296.00	2.95	南京东路街道
天安中心	甲级	80	46 840.00	46 840.00	2.11	南京东路街道
世贸大厦	甲级	31	45 000.00	40 000.00	0.76	南京东路街道
东海商务中心	甲级	108	52 042.00	34 942.90	1.94	南京东路街道
中福大厦	非甲级	14	46 000.00	40 000.00	3.27	南京东路街道
港泰广场	非甲级	62	48 391.00	45 816.00	0.45	南京东路街道
鸿祥大厦	非甲级	16	12 000.00	10 000.00	1.59	南京东路街道
海洋大厦	甲级	52	50 345.00	50 345.00	1.96	南京东路街道
港陆广场	甲级	58	37 000.00	37 000.00	1.48	南京东路街道
欣广大厦	非甲级	21	14 000.00	14 000.00	0.15	瑞金二路街道
茂名大厦	非甲级	48	20 000.00	16 657.92	0.13	瑞金二路街道
久事复兴大厦	甲级	56	18 379.56	12 498.10	0.79	瑞金二路街道
瑞金大厦	甲级	84	33 165.66	32 571.00	2.61	瑞金二路街道
二百永新大厦	非甲级	50	16 204.34	16 204.34	2.17	瑞金二路街道
新华联	甲级	42	41 335.64	35 619.00	1.56	瑞金二路街道
城汇大厦	甲级	20	31 245.80	24 161.46	2.54	瑞金二路街道
国际购物中心	非甲级	28	33 000.00	6 162.00	0.23	瑞金二路街道
申能国际大厦	甲级	100	37 527.30	37 527.30	1.25	淮海中路街道
医药大厦	甲级	4	11 272.68	10 807.68	0.00	淮海中路街道
柳林大厦	甲级	72	36 225.63	18 557.71	0.99	淮海中路街道

续表二

商务楼宇名称	级　别	企业数/家	建筑面积/m²	商务面积/m²	税收/亿元	所属街道
中环广场	甲　级	99	69 000.00	47 156.00	7.52	淮海中路街道
兰生大厦	甲　级	10	60 000.00	32 597.00	9.41	淮海中路街道
企业天地 5 号楼	甲　级	31	71 000.00	51 000.00	2.60	淮海中路街道
瑞安广场	甲　级	46	67 000.00	32 331.00	14.58	淮海中路街道
领展企业广场	甲　级	50	77 921.00	67 721.00	10.25	淮海中路街道
大同商务楼	非甲级	21	17 500.00	15 895.00	0.27	淮海中路街道
博银国际大厦	甲　级	33	25 974.52	20 655.88	0.43	淮海中路街道
永银大厦	甲　级	44	22 863.00	10 605.60	2.27	淮海中路街道
大上海时代广场	甲　级	88	62 000.00	25 000.00	6.39	淮海中路街道
力宝广场	甲　级	95	64 194.35	37 463.15	3.15	淮海中路街道
金钟广场	甲　级	35	82 000.00	62 000.00	5.24	淮海中路街道
香港广场	甲　级	50	43 250.94	31 502.94	1.24	淮海中路街道
上海广场	甲　级	51	44 000.00	20 000.00	2.38	淮海中路街道
新茂大厦	甲　级	41	34 499.00	34 000.00	1.91	淮海中路街道
无限极大厦	甲　级	18	85 000.00	65 000.00	12.59	淮海中路街道
安基大厦	非甲级	53	21 941.10	16 606.83	0.14	老西门街道
东淮海国际大厦	非甲级	34	17 332.00	12 403.53	0.02	豫园街道
黄浦中心	甲　级	22	31 403.31	31 067.40	1.85	豫园街道
中国人保寿险大厦	甲　级	6	26 563.20	20 979.50	0.20	豫园街道
恒积大厦	非甲级	85	61 799.38	28 986.00	0.25	豫园街道
东吴证券大厦	非甲级	46	14 548.00	14 357.00	0.66	半淞园街道
丰盛创建大厦	甲　级	72	56 600.00	56 600.00	19.42	五里街道
江南造船大厦	非甲级	124	21 000.00	21 000.00	0.27	五里街道
海外滩	甲　级	82	93 000.00	93 000.00	1.09	五里街道
天歌大地大厦	非甲级	44	17 000.00	17 000.00	0.02	五里街道
中电科技大厦	甲　级	42	20 000.00	18 491.00	0.35	五里街道
致远大厦	非甲级	169	35 000.00	34 000.00	0.23	五里街道
裕兴大厦	非甲级	66	39 000.00	39 000.00	0.19	五里街道
广发银行大厦	非甲级	31	60 598.00	60 598.00	1.23	打浦桥街道
海丽大厦	非甲级	44	15 400.00	15 400.00	0.55	打浦桥街道
国信商务大厦	非甲级	63	20 580.00	20 580.00	0.38	打浦桥街道
瑞金花园	非甲级	91	14 680.00	14 680.00	2.06	打浦桥街道
长城金融大厦	非甲级	75	99 491.00	99 491.00	0.39	打浦桥街道
海兴广场	非甲级	129	26 102.00	26 102.00	0.93	打浦桥街道
巴士大厦	非甲级	41	12 523.00	12 523.00	0.16	打浦桥街道
金玉兰广场	甲　级	105	25 000.00	25 000.00	0.55	打浦桥街道
宝鼎大厦	非甲级	73	28 714.00	28 714.00	0.55	打浦桥街道
华仑大厦	非甲级	6	14 040.00	14 040.00	0.04	打浦桥街道

数据来源:黄浦区商务委员会。

第四节　徐　汇　区

一、徐汇区跨国公司总部经济机构基本情况

近些年，随着徐汇区营商环境的持续优化，市场活力的不断增强，外资总部经济在该区域的投资规模和投资质量与日俱增。截至2017年底，徐汇区共有跨国公司地区总部77家(其中亚太区总部7家)、投资性公司51家，研发中心17家。外资总部机构数量自2008年起在中心城区中持续位居第一，在全市仅次于浦东新区。

2017年，区新增总部经济机构5家，其中跨国公司地区总部4家，即溢倡(上海)管理有限公司(亚太区)、三菱化学(中国)管理有限公司、依工(中国)投资有限公司、开健投资管理(上海)有限公司；其中研发中心1家，巴德医疗研发(上海)有限公司。

二、跨国公司总部经济机构对区域经济发展的作用

外资总部经济的迅速发展，在税收贡献方面的作用进一步突出，对区域经济的贡献也与日俱增。2017年总部经济机构新设和增加合同外资2.02亿美元，占引资总额的17.5%。2017年总部经济机构税收87.19亿元，占全区涉外税收的比重达到34.43%，同比增长46.72%，户均纳税是徐汇区外资企业平均数的13倍以上。2017年有15家总部税收超过1亿元，其中捷普和腾讯的税收分别达到13.9亿元和10.8亿元。

三、区域跨国公司总部经济机构自身的成长性

在对区域经济贡献度不断提升的同时，跨国公司总部经济机构在徐汇区也有良好的发展。2017年增资项目中，投资性公司和地区总部增资项目8个，增资金额达20 263万美元，占引资总额的17.49%。投资性公司和地区总部项目的增资占引资总额的比重较大是当前的一个显著特点。2017年，徐汇区合同外资增资1 000万美元及以上项目共12个，其中4家为投资性公司和地区总部增资项目，捷普投资(中国)有限公司增资1.5亿美元，增资后注册资本达5.5亿美元，为区内最大增资项目。跨国公司总部经济机构在徐汇区取得了地方经济与企业发展双赢的效果。

四、 徐汇区商务楼宇现状分析

徐汇区商务楼宇的行业分布:徐家汇功能区、衡复功能区楼宇企业主要以现代服务业和商贸业为主,枫林功能区楼宇企业主要以生命医药产业为主,漕河泾开发区楼宇企业主要以科技型企业和生产性服务业企业为主,滨江功能区楼宇企业主要以创新金融、文创产业企业为主。

徐汇区商务楼宇最为集中的区域为徐家汇商圈、衡复功能区和漕河泾开发区地区。徐家汇商圈近期以新鸿基徐家汇国贸中心项目、T20 项目为主,正在进行能级提升。漕河泾开发区以漕河泾开发区公司、仪电集团等公司为代表,正在开发新的商务楼宇和产业楼宇。徐汇滨江为徐汇区从世博至今正在开发的新区域,主要代表楼宇有龙华国际中心(含 AI Tower)、恒基项目、西岸传媒港项目等,徐汇区商务楼宇的情况汇总见表 2.5。

表 2.5 2017 年徐汇区商务楼宇情况

商务楼宇名称	级别	地　址	企业数/家	商务面积/m^2	税收/亿元
城开国际大厦	甲级	虹桥路 355 号	17	33 401	1.29
飞雕大厦	甲级	肇嘉浜路 1065 甲号	146	31 898	0.36
飞洲国际广场	甲级	零陵路 899 号	229	51 722	2.34
港汇中心二座	甲级	虹桥路 3 号	56	67 971	11.73
港汇中心一座	甲级	虹桥路 1 号	102	67 971	9.25
海洋石油大厦	甲级	零陵路 583 号	57	29 357	0.29
汇嘉大厦	丙级	漕溪北路 41 号	188	42 561	0.03
汇银大厦		华山路 2088 号	141	79 043	0.21
汇智大厦	甲级	漕溪北路 398 号	80	30 717	5.03
加华商务中心		虹桥路 808 号	241	20 000	0.53
建汇大厦	甲级	衡山路 922 号	38	37 798	7.62
金轩大厦		南丹东路 238 号	75	31 551	0.05
久隆大厦		南丹东路 189 号	69	10 000	0.02
煤科大厦	甲级	天钥桥路 1 号	12	12 743	0.61
美罗大厦	甲级	上海市天钥桥路 30 号	41	41 384	10.94
明申中心大厦	甲级	凯旋路 3131 号	107	27 627	0.21
申通信息广场	甲级	淮海西路 55 号	78	48 057	1.39
圣爱广场	甲级	漕溪北路 88 号	115	44 351	0.32
实业大厦	甲级	漕溪北路 18 号	170	57 305	0.67
腾飞大厦	甲级	天钥桥路 333 号	53	30 775	1.88
现代服务业大厦	甲级	天钥桥路 329 号	8	14 424	0.16

续表一

商务楼宇名称	级别	地　址	企业数/家	商务面积/m²	税收/亿元
徐家汇国际大厦	甲级	肇嘉浜路 1033 号	62	13 294	1.67
英雄大厦		斜土路 2669 号	83	28 015	0.11
汇鑫国际大厦	甲级	宜山路 333 号	74	24 275	0.88
徐汇商务大厦	甲级	裕德路 168 号	124	17 537	0.12
中金国际广场 B 幢	甲级	漕溪北路 333 号	38	21 816	0.45
中金国际广场 C 幢	甲级	漕溪北路 375 号	30	18 940	3.62
中金国际广场 A 幢	甲级	漕溪北路 331 号	35	18 695	0.04
光启文化园	甲级	斜土路 2899 甲号	55	26 583	0.31
上影广场	甲级	漕溪北路 595 号	12	30 000	0.10
永丰国际广场银座	甲级	宛平南路 98 号	20	22 993	1.05
永丰国际广场金座	甲级	宛平南路 88 号	1	22 034	0.00
中城国际大厦	甲级	虹桥路 500 号	30	35 093	0.47
汇京国际广场	甲级	虹桥路 777 号	42	42 998	0.10
爱美高大厦	甲级	淮海中路 1325 号	34	15 330	0.18
长鑫大厦		长乐路 1219 号	23	13 892	0.40
华尔登广场	丙级	长乐路 801 号	29	7 449	0.12
淮海国际广场	甲级	淮海中路 1045 号	62	47 918	0.89
嘉华中心	甲级	淮海中路 1010 号	78	65 069	3.82
启华大厦		淮海中路 1375 号	30	7 826	0.08
上海话剧艺术中心	暂无	安福路 288 号	9	11 282	0.08
世纪商贸广场	甲级	长乐路 989 号	96	89 498	4.16
悟锦世纪大楼	甲级	富民路 291 号	38	18 000	8.29
襄阳大楼	暂无	襄阳北路 97 号	48	9 768	0.10
云海大厦	甲级	淮海中路 1329 号	16	15 358	0.30
上海环贸广场 1 号楼	甲级	淮海中路 999 号	51	58 505	4.89
上海环贸广场 2 号楼	甲级	淮海中路 999 号	62	58 505	3.53
华泰大厦	甲级	肇嘉浜路 388 号	15	12 529	0.01
科技投资大厦	甲级	建国西路 285 号	40	17 067	0.00
坤阳国际商务中心	甲级	肇嘉浜路 798 号	95	20 020	0.31
明园商务中心	乙级	复兴中路 1199 号	34	6 000	0.31
轻工大厦	乙级	肇嘉浜路 376 号	29	12 518	0.36
轻科大厦	乙级	汾阳路 138 号	44	12 609	1.15
现代大厦	甲级	襄阳南路 218 号	33	20 443	0.05
裕华大厦		肇嘉浜路 366 号	50	19 449	0.11
中福商务楼		肇嘉浜路 288 号	114	13 888	0.56
紫苑大厦		肇嘉浜路 268 号	13	8 719	0.07
均瑶国际广场	甲级	肇嘉浜路 789 号	145	60 685	0.97
尚秀商务楼	乙级	肇嘉浜路 825 号	78	12 528	0.11

续表二

商务楼宇名称	级别	地　址	企业数/家	商务面积/m²	税收/亿元
五洲国际大厦	甲级	肇嘉浜路807号	51	21 725	0.25
徐汇苑大厦	甲级	中山南二路1089号	32	31 277	2.19
中粮大厦	甲级	中山南二路440号	0	18 643	0.00
枫林国际大厦A	甲级	枫林路380号	16	18 615	1.16
枫林国际大厦B	甲级	枫林路380号	12	19 397	2.39
枫林国际大厦C	甲级	枫林路381号	1	9 046	1.72
枫林国际中心二期A座	甲级	枫林路420号	5	32 658	0.80
枫林国际中心二期B座	甲级	枫林路420号	9	32 658	1.39
华宜大厦	甲级	中山西路2020号	65	27 954	0.06
景鸿大楼		宜山路508号	124	23 491	0.14
七建大厦	甲级	宜山路439号	141	20 823	0.02
新概念商务楼		吴中路39号	32	20 547	0.12
永升大厦		中山西路2025号	280	45 754	0.19
兆丰环球大厦	甲级	中山西路1800号	223	57 602	0.66
华鼎大厦	甲级	中山西路2368号	87	28 605	0.50
宏汇国际广场	甲级	中山西路1538号	99	58 908	4.09
百丽国际广场	甲级	中山西路1600号	12	29 903	1.78
光启城	甲级	宜山路425号	133	45 665	1.68
汇阳广场	甲级	田林东路55号	58	27 758	0.03
明申商务广场	甲级	漕宝路400号	63	20 648	0.02
紫藤苑综合楼		桂平路126号	25	7 224	0.14
虹梅商务楼		沪闵路8075号	92	30 000	0.12
天亿大厦		小木桥路251号	27	8 590	0.26
亚太企业大厦		肇嘉浜路333号	54	24 618	0.19
友谊时代大厦	甲级	肇嘉浜路159号	55	12 837	0.04
之俊大厦	普通	斜土路1221号	151	43 183	0.10
绿地滨江国际中心A幢	甲级	龙华中路596号	61	30 363	0.64
绿地滨江国际中心B幢	甲级	龙华中路600号	48	34 515	1.48
上海平安大厦A座		凯滨路206号	13	35 000	0.50
上海平安大厦B座		凯宾路166号	12	35 000	0.59
绿地中心二期C座	甲级	东安路562号	24	32 000	0.02
绿地汇创商务广场A幢	甲级	龙启路258号	182	32 833	0.14
绿地汇创商务广场B幢	甲级	云锦路500号	26	34 665	0.00
光大会展中心		漕宝路70号	367	42 545	2.29
宏润大厦		龙漕路200弄28号	20	10 623	0.04
华富大厦	乙级	龙华西路858号	128	26 282	0.17
恒地仓国际大厦		柳州路399号	34	11 093	0.50
漕河泾实业大厦		漕东支路81号	18	16 997	1.74

续表三

商务楼宇名称	级别	地 址	企业数/家	商务面积/m^2	税收/亿元
中星城		浦北路 7 号	43	27 415	0.21
欧商中心		三江路 89 号	2	10 799	0.00
徐汇万科中心一期 B 座	甲级	定安路 55 号	19	41 334	1.95
徐汇万科中心一期 C 座	甲级	南宁路 1000 号	5	22 346	0.00
上海科技大厦		宜山路 705 号	78	21 511	0.03
现代物流大厦		虹漕路 448 号	22	38 000	1.71
创新大厦	乙级	宜山路 1009 号	21	33 265	0.63
凤凰大楼	甲级	古美路 1515 号	46	49 136	0.63
宏业大厦		虹梅路 1801 号	7	17 303	0.74
凯科国际大厦		虹梅路 1801 号	35	40 445	7.40
科技产业化大楼 A 幢		宜山路 900 号	47	28 719	1.05
科技产业化大楼 B 幢		宜山路 900 号	35	28 719	3.33
科技产业化大楼 C 幢		宜山路 900 号	19	31 929	1.44
漕河泾软件大厦		虹漕路 461 号	39	18 866	0.76
思科大厦	甲级	宜山路 926 号	5	21 965	0.05
腾业大厦		虹梅路 1801 号	5	17 651	11.85
新安、新茂大楼		田州路 99 号	70	52 780	0.57
新漕河泾大厦	甲级	漕宝路 509 号	17	15 486	0.25
新业大楼		田林路 388 号	46	26 852	0.85
新银大厦	甲级	宜山路 888 号	37	16 143	0.18
兴园科技广场	甲级	桂平路 418 号	41	42 846	0.53
兴园商务楼	甲级	桂平路 410 号	12	6 831	0.11
莲花楼	甲级	田州路 159 号	49	23 700	0.04
宝石园 20#楼		田林路 487 号	62	46 948	1.24
总部园区 27#楼		古美路 1528 号	2	17 584	0.00
总部园区 28#楼		古美路 1528 号	9	27 434	14.82
总部园区 29#楼		古美路 1528 号	6	11 897	0.05
总部园区 30#楼		古美路 1528 号	11	17 718	0.02
总部园区 31#楼		古美路 1528 号	1	11 804	0.00
总部园区 32#楼		古美路 1528 号	5	17 219	0.00
新漕河泾国际商务中心 A 楼	甲级	桂平路 391 号	65	55 896	1.32
新漕河泾国际商务中心 B 楼	甲级	桂平路 391 号	71	55 925	1.81
华鑫中心 1 号楼	甲级	宜山路 711 号	32	31 816	0.06
华鑫中心 2 号楼	甲级	宜山路 711 号	17	33 000	0.03
华鑫中心东区 1 幢	甲级	桂林路 406 号	2	29 336	0.00
华鑫中心东区 2 幢	甲级	桂林路 406 号	1	20 161	0.02
华鑫天地 A 幢	甲级	田林路 200 号	24	20 270	0.46
华鑫天地 B 幢	甲级	田林路 200 号	18	11 123	0.03

续表四

商务楼宇名称	级别	地　址	企业数/家	商务面积/m^2	税收/亿元
越虹广场 A		虹漕路 88 号	26	27 939	0.69
越虹广场 B		虹漕路 88 号	23	27 939	0.11
南洋电缆大厦		裕德路 165 号		17 792	0.00
T20 大厦		天钥桥路 20 号		10 623	0.00
尚光徐汇中心金座		宜山路 407 号		17 318	0.00
尚光徐汇中心银座		宜山路 407 号		17 336	0.00
东湖路 9 号		东湖路 9 号		13 186	0.00
美奂大厦		中山南二路 107 号	41	30 665	0.03
航汇大厦	甲级	上海市徐汇区	18	36 800	0.21
新研大厦 A 幢	甲级	桂箐路 65 号	1	33 867	4.77
新研大厦 B 幢	甲级	桂箐路 65 号	19	33 867	1.53

数据来源:徐汇区商务委员会。

五、 徐汇区在完善商务环境方面的主要举措

首先积极配合开展载体“大走访、大调研”工作,组团式走访楼宇内入驻企业,倾听企业心声,为企业和楼宇解决问题;其次与有意向的楼宇签订签署载体合作协议,降低楼宇业主商务成本,调动楼宇业主配合优化营商环境、提高产业集聚积极性;再次通过“资源管理系统”,信息化手段汇总楼宇载体资源信息,提高资源利用效率,为企业做好选址入驻服务;最后结合区成立的营商办,加强楼宇营商环境建设。

第五节　长　宁　区

一、 长宁区总部经济总体情况

2017 年长宁区经认定的总部企业共有 47 家(表 2.6),其中投资性总部 23 家,管理型总部 24 家,投资性与管理型各占半壁江山。从企业投资国别来看,日本总部 21 家,美国总部 14 家,分别占到总数的 42.8%和 28.6%;从企业所从事的行业来看,该区大部分地区总部都是从事生产制造业的,尤以汽车零部件及配套产品为主,其中有米其林、横滨橡胶、固铂三大轮胎公司,又有爱达、江森自控、住友电工、康奈可、三井金属、三樱等汽车相关部件供应厂商;另外,从总部所发挥功能来看,区内总部企业大

多为中国区总部，仅1家亚太区总部。这些地区总部的主要功能是为在中国大陆进行投资及管理、经营决策、资金运作、人事管理、企业战略制定等。

2016年至2018年上半年，累计新增总部8家，其中包括2017年引进的1家总部型机构，完成“十三五”规划指标的53.3%。从时间节点来看，2016—2017年平均每年完成3家，2018年上半年完成2家，基本按照时间节点完成。

表2.6　2017年长宁区跨国公司总部机构

序号	企业名称	性质	总部级别	国家或地区
1	米其林(中国)投资有限公司	投资	国家级	法国
2	博世(中国)投资有限公司	投资	国家级	德国
3	统一企业(中国)投资有限公司	投资	国家级	中国台湾
4	联合利华(中国)投资有限公司	投资	国家级	英国
5	史丹利(上海)管理有限公司	管理		美国
6	捷太格特(中国)投资有限公司	投资		日本
7	三井金属(上海)企业管理有限公司	管理		日本
8	沃茨(上海)管理有限公司	管理		美国
9	曼宁家(上海)投资管理有限公司	管理		德国
10	英格索兰(中国)投资有限公司	投资		美国
11	优时吉博罗管理服务(上海)有限公司	管理		法国
12	固铂轮胎(中国)投资有限公司	投资		美国
13	联强国际(中国)投资有限公司	投资		中国台湾
14	王子制纸管理(上海)有限公司	管理		日本
15	伊顿(中国)投资有限公司	投资	亚太级	美国
16	日东电工(中国)投资有限公司	投资		日本
17	金光纸业(中国)投资有限公司	投资		新加坡
18	霓达(上海)企业管理有限公司	管理		日本
19	住友电工管理(上海)有限公司	管理		日本
20	贝朗(中国)投资有限公司	投资		德国
21	帝人(中国)投资有限公司	投资		日本
22	江森自控(中国)投资有限公司	投资		美国
23	英联食品投资(中国)有限公司	投资		英国
24	庞贝捷管理(上海)有限公司	管理		美国
25	板硝子管理(上海)有限公司	管理		日本
26	同和企业管理(上海)有限公司	管理		日本
27	康奈可(中国)投资有限公司	投资		日本
28	世界连合(上海)管理有限公司	管理		日本
29	化药(上海)管理有限公司	管理		日本
30	日毛(上海)管理有限公司	管理		日本

续表

序号	企业名称	性质	总部级别	国家或地区
31	科莱恩化工(中国)有限公司	管理		瑞士
32	可隆(中国)投资有限公司	投资		韩国
33	爱达(中国)投资有限公司	投资		日本
34	横河电机(中国)有限公司	管理		日本
35	好侍食品(中国)投资有限公司	投资		日本
36	康宝莱(上海)管理有限公司	管理		美国
37	斯必克(中国)投资有限公司	投资	亚太级	美国
38	日立物流(中国)有限公司	管理		日本
39	不二(中国)投资有限公司	投资		日本
40	电通安吉斯(上海)投资有限公司	投资		日本
41	富世华(上海)管理有限公司	管理	亚太级	瑞典
42	三樱(中国)投资有限公司	投资		日本
43	卡特彼勒(中国)投资有限公司上海分公司			美国
44	博世汽车转向系统管理(上海)有限公司	管理		德国
45	永旺永乐(上海)企业管理有限公司	管理		日本
46	史泰博(上海)有限公司	管理		美国
47	卓莓企业管理(上海)有限公司	管理		美国

数据来源:长宁区商务委员会。

二、 长宁区总部发展特点

长宁区跨国公司地区总部总体上来看产业体系趋于完善,近两年服务业和食品生产行业比重有所上升。如 2016 年增加了日立物流、电通安吉斯两家分别以物流服务和广告传媒为主营的服务业总部,还新增了康宝莱和不二富吉两家食品生产的总部企业;2017 年新增了以物业管理为主的永旺永乐和国际浆果巨头卓莓管理。其次,长宁区总部企业税收贡献度较高,如米其林、博世、江森自控等投资性总部 2016 年税收较往年都有一定提高,而新增的康宝莱、斯必克以及不二富吉等总部首年产税都在千万元以上,其中康宝莱则达到了亿元以上,提升了总部企业整体税收贡献度。

从具体数据上来看,2017 年,47 家总部企业完成区级税收 11.25 亿元,同比增长 16.51%,占区级财政收入比重 7.78%,其中区级税收 100 万以上企业有 30 家。综合税收在亿元以上的总部企业有 5 家分别是康宝莱和爱达投资、米其林、博世、江森自控。

三、 长宁区总部发展瓶颈

（一）企业成本上升过快

通过大调研走访，了解到成本上涨过快是外资企业反映最为强烈的问题之一。主要体现在以下几方面：一是水电煤价格明显高于欧美发达国家。如天然气价格为2.4～2.96元人民币/立方米，而美国和德国折合人民币1.23元人民币/立方米。二是部分行业的人力资源成本已与发达国家相当。与周边城市相比，长宁区部分外资企业用工成本高出苏州20%，与国外相比，2016年该区外资企业IT行业已经高出印度以及中东等国家2倍，与日本同级别的工程师相当。导致人力成本增加的重要原因之一在于较高的社保缴纳比例。三是生活和商务成本太高。如外籍子女就学费用已经超过了香港地区和新加坡，达到亚太区最高；再如房租和房价，也较前几年有了较大提高，生活成本上升导致企业留不住人才，很多公司招人用人上出现紧缺现象；此外地价、房价上涨过快也导致企业商务成本上升过快，很多企业不堪重负、入不敷出，导致歇业。

（二）“审改备”以后，外资企业品质有所下降

由于备案从程序到内容都比审批简单了很多，企业申报材料得以简化，外资登记手续工作量大幅下降，备案时间也是大幅缩减，审批改备案以来，新设企业数量大大超过审批阶段，达到了审批时候的1.5倍左右，但同时外资企业的规模也有所下降，如注册资本小于10万元外币的企业逐步增多，全年注册企业近30家，最少的甚至只有1万新加坡元，如上海狮铂商务咨询有限公司；注册资本为10万元原币的企业全年注册超过60家。另外，并购项目在2017年8月以前实行审批制，一般每年不超过5家，改为备案以后，仅2018年上半年并购项目就达到了15家，而且很多都是境内自然人独资公司被外资并购项目。

（三）“审改备”以后，外资监管难度加大

实施准入前国民待遇加负面清单管理制度以来，外资从审批管理逐步过渡到备案服务，企业充分享受了“审改备”的政策红利，审批事项减少95%以上，纸质材料减少95%以上。企业办事方便了、程序简化了、时间缩短了，但备案行为随意性较为严重，企业品质下降、变更事项较为随意，对外资备案的事中事后监管带来了一定挑战，在重大项目的跟踪管理和资金监管环节缺少有力的抓手。

（四）外资研发中心的推进有待加强

《上海市关于鼓励外资研发中心发展的若干意见》的出台加大了对长宁区建立全球研发中心的政策支持，提升外资研发中心在上海发展的便利度，进而增强长宁区企业创新的集聚程度。从长宁区的具体情况来看，由于中心城区在环评方面存在一定限制，且土地成本较高，导致研发中心的推进工作存在一定的局限性。希望在上级部门的指导下，进一步探索推进外资研发中心落户的新途径，提高利用外资的质量和效益。

（五）政策和监管的不确定性

政策和监管的透明度低造成了政策的不确定性。目前，从市里到区级层面，各类政策非常多，如总部政策、产业政策、贸易政策等等，但政策的执行期一般为3～5年，受各种客观因素影响，比如经济形势变化、国家或市级政策调整、领导换届等等，政策期满新的政策内容一般都会进行调整。政策的不稳定性造成外资企业经营决策比较困难。

四、长宁区总部发展思路举措

（一）重点发展总部经济

作为国际性大都市，上海的商务成本持续上升，加上中心城区的土地资源瓶颈，长宁区在后续引进制造业项目方面长宁将面临很大制约。因此，实际操作层面最大的潜力是来自含金量高的服务业和制造业总部项目，不需要过度依赖土地资源和廉价劳动力，企业规模相对较小，却能带来稳定持续的人力资本、创新能力和税收贡献，应加强市区两级信息沟通和政策培训，积极推进跨国公司地区总部落地。

（二）注重外资和外贸的融合发展

中国对外贸易正在由扩大出口转向坚持增加出口同时更扩大进口，外商投资由吸收外资转向高水平引进和大规模走出去同步发展的双向投资。下一阶段，结合消费升级和国家级进口平台的落地，将从国家层面加强鼓励进口贸易的政策体系研究，从进口促进的角度考虑吸引外资企业向国内输入更多高品质产品和高端技术。

（三）优化营商环境，做好利用外资工作

优化营商环境包括两方面，第一，要持续改善营商硬环境，首先要不断提升楼宇品

质,完善楼宇周边配套,提升服务企业品质,不断推出优质楼宇作为外资企业载体。其次要不断改善人才服务质量,持续优化虹桥海外人才一站式服务中心功能,让外国人才“来得了、待得住、用得好、流得动”,为海外人才提供优质、高效、便捷的专业化、协同化、一站式服务。再次是要不断优化我区交通环境,尤其是商务集聚区的交通配套,如虹开发和临空经济园区的交通出行,更加受到企业关注,企业出入境、国内出差、员工上下班便捷等也成为很多外资企业选择落户长宁的重要因素。第二,要持续改善营商软环境,包括首先要制定各项扶持政策,如正在研究出台的区级层面总部政策、贸易型总部政策、科创政策、人才政策等,加大吸引外资力度;其次要打造内外资一视同仁、公平竞争的软环境,对外资企业科研创新、转型升级、技术改造、资质申请等,确保同等对待、同等享受。对外资重点行业、重点项目实行“一企一策”“一事一议”;三要严格兑现承诺,认真履行各类合同,保持外资扶持政策的稳定性和连续性。四是要建立经常沟通机制。加强与外资企业交流沟通,了解企业实际困难和需求,有效解决外资企业实际问题。

第六节 静 安 区

一、 静安区总部经济发展情况

2017 年是静安实施“十三五”规划,推动经济社会发展的重要之年,也是深化改革创新、补齐短板的攻坚之年。静安区在总部经济发展上,主动适应和把握经济发展新常态,坚持提升品质,努力实现商务发展结构更优、质量更好、效益更高,总部经济持续壮大。全年引进 6 家跨国公司地区总部,分别是亮锐(上海)管理有限公司、富卓美饰企业管理(上海)有限公司、科文思(上海)管理有限公司、华润微电子控股有限公司、布伦泰格(上海)企业管理有限公司、瓴域(上海)投资有限公司(表 2.7)。

表 2.7 2017 年静安区新增跨国地区总部

序号	企业名称	国家或地区	类 型
1	亮锐(上海)管理有限公司	荷 兰	管理性
2	富卓美饰企业管理有限公司	美 国	管理性
3	科文思(上海)管理有限公司	中国香港	管理性
4	华润微电子控股有限公司	中国香港	管理性
5	布伦泰格(上海)企业管理有限公司	德 国	管理性
6	瓴域(上海)投资有限公司	中国香港	投资性

数据来源:静安区商务委员会。

二、 静安区商务楼宇经济发展情况

2017年楼宇经济特色显著，全区亿元楼达到67幢，其中月亿元楼8幢，楼宇经济实现税收407.66亿元，占全区税收总收入的59.46%(表2.8)。

表2.8 2017年静安区部分商务楼宇状况

序号	商务楼宇名称	地　　址	总建筑面积/m²	商业面积/m²	税收增长/%
1	恒隆广场	南京西路1266号	283 000	157 000	21.6
2	越洋广场	南京西路1601号	129 151	90 451	−7.5
3	嘉里不夜城	天目西路218号	140 000	128 356	13.1
4	会德丰广场	南京西路1717号	154 167	107 000	24.1
5	中信泰富广场	南京西路1168号	132 277	76 855	−8.3
6	1788国际广场	南京西路1788号	112 987	85 000	104.9
7	静安国际广场	新闸路1528号	26 600	6 555	−56.9
8	嘉里中心	南京西路1515号	51 000	38 000	24.2
9	中欣大厦	南京西路1468号	75 554	63 627	16.3
10	人才大厦	梅园路77号	46 000	40 000	18.0
11	东海广场	铜仁路99号	80 874	65 483	16.7
12	梅龙镇广场	南京西路1038号	119 714	33 135	−12.5

数据来源：静安区商务委员会。

三、 静安区2017年总部经济发展现状

全年静安区商务委以优质服务为突破口，聚焦总部招商，推动“三个经济”聚集发展。一是总部经济呈现良好发展态势。全年新引进6家跨国公司地区总部。二是贸易便利化工作取得突破。顺利推动国家市场监督管理总局窗口在新的静安区行政服务中心重新对外运行，配合浦江国家市场监督管理总局办事大厅中的静安专窗共同为区域内企业提供更优质的服务；启动进口服装面料预评估推荐工作，爱马仕和利惠两家企业进入推荐名单。三是企业服务不断深入。加强企业服务制度建设，制定《商务委落实2017年度经济服务工作的实施意见》，对静安区所服务的120家企业进行梳理，细化目标任务，明确责任分工，确保企业服务工作任务落实到位。四是加强重

点企业和项目协调服务，对重点外资项目采取一对一的跟踪服务，加快总部项目的备案和认证时间；先后组织召开天祥、康德乐、星巴克、爱德夏、Prada等多个项目协调会，解决企业发展难题；组织吉宝、欧莱雅申报白玉兰纪念奖、嘉吉申报白玉兰荣誉奖，并成功入选。

四、 静安区2018年总部经济措施

继续加强总部引进和培育，拓宽招商渠道，加强市区联动、第三方合作机制，增加项目信息来源。发挥政策吸引力，加大对静安区总部政策和市商务委支持外资研发中心建设等政策的宣传力度，充分挖掘潜在项目。提升服务品质，加强总部项目、大项目跟踪服务机制，积极开展以商引商、以情留商，做大做强存量。主动对接上海服务国家“一带一路”倡议，积极参与中国进口博览会，推进服务贸易创新发展。

第七节 普 陀 区

一、 普陀区总部经济发展情况

普陀区适应经济全球化的新形势，围绕建设“科创驱动转型实践区、宜居宜创宜业生态区”的目标，积极构建开放型经济新体制，加大力度引进外资总部企业，进一步提升经济外向度，推动总部经济快速发展。

截至2017年，普陀区共引进培育跨国公司总部项目8家(表2.9)，其中包括投资性总部1家，管理性总部6家，总部型机构1家。历年引进的总部企业为普陀区经济社会发展做出了积极贡献，这些企业具有综合的管理职能，不仅成为纳税大户，而且还是行业标杆。2017年，8家总部企业合计上缴税收4.97亿元，营业收入达19.7亿元。

二、 商务楼宇发展情况

结合两站一中心建设，完善普陀区楼宇信息管理系统建设，做好商务楼宇及园区的资源情况摸底工作。持续开展楼宇效能行动。排摸梳理目标重点企业，制定“一企一策”工作方案，送服务进楼宇，促进企业规范运营，不断提升楼宇(园区)效能。

剔除房地产全区重点楼宇税收合计51.01亿元，同比增长35.58%(指标增长8%)，单位面积产出1 855元/平方米。税收落地率达到53.42%，较2016年提高了5

个百分点。全区新增亿元楼 3 幢,总数达到 17 幢。

表 2.9　2017 年普陀区跨国公司总部

序号	企业名称	国家或地区	级　别	行　业	总部类型	投资额/万美元
1	纳尔科(中国)环保技术服务有限公司	中国香港	国家级	管理服务	管理性	1 831.13
2	百卡弗(上海)管理有限公司	中国香港	国家级	管理服务	管理性	350.00
3	得嘉亚太(上海)管理有限公司	中国香港	亚太级	管理服务	管理性	1 882.61
4	博优博艾(上海)管理有限公司	比利时	国家级	管理服务	管理性	280.00
5	科尼起重机设备(上海)有限公司	新加坡	国家级	生产制造	总部型	800.00
6	美太投资(中国)有限公司	中国香港	国家级	投资与资产管理	投资性	29 800.00
7	欧拓汽车管理(上海)有限公司	瑞　士	亚太级	管理服务	管理性	280.00
8	上海复星高科技(集团)有限公司	中国香港	亚太级	管理服务	管理性	107 892.18

数据来源:普陀区商务委员会。

三、 普陀区 2017 年完善商务环境主要工作

(一) 加大政策支持力度

积极发挥本区政策导向作用,不断完善政策体系,助力产业做大,企业做强。《普陀区人才激励保障政策实施意见(试行)》于 2017 年 5 月发布,以更积极、更开放、更有效的政策集聚海内外人才;2015 年发布的《普陀区促进互联网影视产业发展政策(试行)》促进了该区影视产业发展,该项政策于 2017 年进行全方位升级;2017 年 4 月发布的《普陀区促进标准化服务业发展的若干意见(试行)》正在推动实施标准化服务试点、打造标准化服务高地。同时,普陀区区积极响应"33 条"新政,加大吸引外资的政策支持力度,促进区总部经济的发展。在上海市总部、研发中心等政策的基础上,加紧制定具有本区特色的普陀总部政策,扩大支持力度,对经济发展、技术创新贡献大的项目予以支持。

(二) 提升区域发展软实力

举办普陀区投资促进工作先进表彰大会,表彰重点贡献企业和招商引资工作先进个人。开通"普陀区企业服务直通车"微信服务号,建立企业诉求和职能部门后台处置管理机制,企业服务直通车关注数已达 1 492,抓取信息 5 970 条,涵盖政策、财会

实用等。持续开展机关服务企业志愿团志愿服务进楼宇(园区)系列活动。实施区领导、职能部门、各投促中心分层次走访、定点联系企业机制,建立区领导、区重点贡献企业和各投促中心层面的企业微信群。定期召开区领导参加的企业恳谈会。同时开展政策宣传和解读。

(三)建立“互联网+ 政务服务”体系

普陀区已列入全国基层政务公开标准化试点单位,正积极探索提升“大数据下的政务服务”,创建具有普陀特色的“互联网政务”新格局。同时,位于同普路的普陀区行政服务中心于 2017 年 4 月正式对外启用,入驻 22 个部门单位,开设 111 个办事窗口,受理 279 项行政审批和服务事项。行政服务中心门户网站和微信公众号也同步开通,形成区行政服务中心与网上政务大厅“双厅联动融合发展”的格局,为普陀营造更优质的投资服务环境。

(四)推动商圈能级提升

电子商务发展实现深化。携手推进中环商贸区国家电子商务示范基地建设,推进综合电子商务基础设施建设与电子商务公共服务平台建设,建设互动共享的网络社区,提升了商圈信息化管理水平和服务水平,该示范基地在商务部全国 100 家国家电子商务示范基地的综合评价考核中排名首位。同时,加强智慧商圈建设,中环商贸区智慧社区商圈融合创新服务平台获评上海市 2017 年度“十大智慧社区商圈创新应用奖”;上海环球港成功获评第二批上海市智慧商圈试点区域。

四、 普陀区重点培育的商务区域

(一)中环市级商业中心

中环市级商业中心以中环线为中轴,东到丹巴路、西到万镇路、南到同普路、北到曹安路,其中,丹巴路、真光路、同普路、曹安路围合的范围为核心区域。

中环市级商业中心规划商业建筑面积约 110 万平方米。以大型综合购物中心、百货店、大型专业店为主力业态,引进更多国际知名品牌旗舰店、品牌集成店和时尚品牌专卖店。大力发展新兴商业业态,鼓励线上线下融合发展,鼓励发展主题型、体验式、文化类消费相关的服务业态。中环商贸区智慧商圈建设中,以近铁城市广场为试点示范开展改造,完成了近铁城市广场的微信公众号的应用改造、智能车场的线上寻车及缴费、商铺销售数据采集等功能的数字化智能系统，进一步便利消费者、提振人气。

（二）真如市级商业中心

真如市级商业中心东至真华路、南至北石路、西至兰溪路、北至上海西站北侧富平路及规划边界。依托上海真如城市副中心开发建设，通过完善发展规划、有序推进土地储备、加快建设基础设施、积极引进功能性引领性项目，特别是加快推进上海西站综合交通枢纽综合开发，高・尚领域、星光耀广场等重点项目建设，真如市级商业中心已现雏形。

真如市级商业中心规划商业建筑面积约50万平方米。以大型购物中心为核心，集聚国际知名品牌专业专卖店、大型餐饮和文化设施，突出儿童游艺体验和电影文化体验主题，集中多家IMAX影院，完善为商务配套的生活服务业态。

（三）长寿商业中心

长寿地区级商业中心位于内环内苏州河以南区域，是普陀区发展条件和基础最为成熟的地区之一，也是最能展示都市繁荣繁华的地区之一。

长寿地区级商业中心规划商业建筑面积约45万平方米。以时尚主题购物中心、时尚百货店等为核心，大力发展商务餐饮、休闲餐饮等餐饮业，鼓励发展艺术画廊、文化展览等文化休闲业态，完善各类配套生活服务业态。着力发展滨河现代服务业和文化娱乐创意产业，进一步拓展功能、完善服务、深化联动、提升形象，形成普陀区内独具都市滨河景观、文化休闲功能与科技创新产业汇集特色鲜明的地区商业商务中心。

（四）长风商业中心

长风地区级商业中心依托长风生态商务区建设，形成了以跨国采购中心基地和跨国采购大会为引领的商贸会展服务板块、以长风景畔广场、“一园十馆”和苏州河国际水上旅游为引领的文化旅游板块，以“长风金融港”和股权投资、私募企业为引领的商贸金融服务板块、区域功能集聚效应进一步显现，对外辐射能力逐步增强。

规划商业建筑面积约35万平方米。积极引进国际知名百货店、精品超市、品牌专业专卖店等零售业态，发展大型品牌餐饮、休闲餐饮等餐饮业态，鼓励引进影院、剧场等文化休闲业态，完善超市、便利店和其他生活服务业态。依托区位交通便利、生态环境优美、总部企业集聚等优势，突出生态、景观、公共活动、产业、居住、文化等特色，建成以现代化的都市购物中心、大型会展设施、总部商务楼宇为核心载体，成为集零售餐饮、文化娱乐、专业会展、都市旅游等多功能于一体，具有会商旅文融合特色的地区级商业中心。

（五）长风生态商务区

长风生态商务区地处普陀区南部，上海市中环和内环线之间，地理位置优越，交通便捷，紧邻虹桥机场和沪宁高速，苏州河岸线长约 2.7 公里，是未来上海浦西地区高级商务楼宇最为集聚的商务区之一。

长风生态商务区实际可规划开发的土地面积约 220 公顷，规划建筑面积 290 万平方米，其中高档商办楼宇 170 万平方米，商业娱乐设施 30 万平方米，高档住宅 70 万平方米，学校、医院等各种配套设施 20 万平方米。长风生态商务区列入《上海加速发展现代服务业实施纲要》和上海市"十一五"规划纲要，作为全市首批重点推进的九大现代服务业集聚区之一，今后将服务"长三角"，辐射国内外。从以项目建设为主逐步转为以招商运营为主，增强文化旅游、商务休闲功能，努力形成以跨国采购中心基地为引领的商贸会展板块、以长风娱乐中心为引领的文化旅游板块、以长风金融港引领的金融服务板块，力争在大虹桥的发展初期，获取先发优势，承担更多的城市功能，建成上海西部商务城市地标。

第八节　虹　口　区

一、 虹口区跨国公司企业总部发展情况

2017 年，虹口区各相关部门联动共推跨国公司地区总部工作，主动跨前服务，做好政策解释与认定辅导、协调工作，总部促进工作取得较好成效，新增跨国公司地区总部 2 家。截至 2017 年底，虹口区累计跨国公司地区总部 4 家(表 2.10)，投资总额 16.37 亿美元，注册资金 3.06 亿美元，资金到位率 100%，资产总额 86.65 亿元。

2017 年 4 月，上海维信荟智金融科技有限公司被认定为管理性跨国公司地区总部，该公司成立于 2008 年，注册资本 1 亿美元，投资方是香港维信理财有限公司，被投资方授权对上海静安维信小额贷款有限公司、维仕担保有限公司等五家公司进行管理，主要承担运营中心、财务中心、研发中心、技术服务中心等总部职能。2017 年 11 月，上海中远海运港口投资有限公司被认定为投资性跨国公司地区总部，该公司成立于 1999 年 1 月，注册资本 1.47 亿美元，在中国设有 3 家合资公司，投资总额 12.03 亿元

人民币，其投资方中远海运港口有限公司是全球第一大的集装箱码头经营商。

表 2.10 2017 年虹口区跨国公司总部

企业名称	国家或地区	行　　业	总部类型	投资额	税收/亿元
香港建设(中国)管理有限公司	百慕大	企业总部管理	行政型	0.20 亿美元	0.003
太平船务(中国)有限公司	新加坡	国际货物运输代理	管理型	1.30 亿美元	0.180
上海中远海运港口投资有限公司	百慕大	投资与资产管理	投资型	1.47 亿美元	0.150
上海维信荟智金融科技有限公司	中国香港	信息技术	管理型	13.40 亿元	0.730

数据来源：虹口区商务委员会。

二、 虹口区贸易型总部企业发展情况

作为上海国际贸易中心建设的重要引擎，贸易型总部企业的发展对于上海连同海内外的枢纽作用至关重要。目前，本区共有贸易型总部企业 6 家，业务领域涵盖国内批发零售、国际货物贸易、物流仓储平台交易等各个类型。

2017 年，国家电投集团铝业国际贸易有限公司被认定为第二批贸易型总部企业。企业于 2010 年 1 月在虹口注册成立，注册资本 15 亿元，分支机构 6 家。业务涵盖氧化铝、电解铝等大宗原材料的购销、进出口、期货运作及金融运作等业务。2017 年底，企业实现销售收入 165.7 亿元。

2017 年，上海苏宁云商销售有限公司被认定为第二批贸易型总部企业。企业于 2002 年 4 月在虹口注册成立，注册资本 5.3 亿元，分支机构 6 家。业务涵盖商业零售、综合地产、文创产业、资本投资、金融控股五大板块，2017 年实现销售额 108.5 亿元。

2017 年，上港集团物流有限公司被认定为第二批贸易型总部企业。企业于 2002 年 7 月在虹口注册成立，注册资本 25 亿元，分支机构 9 家。企业将港口物流产业链的发展作为其核心竞争力，聚焦化工、快销、汽车、大宗金属、电子产品等物流服务。2017 年营业收入 94.7 亿元。

2017 年，宝钢资源控股(上海)有限公司被认定为第二批贸易型总部企业。企业于 2015 年 6 月在虹口注册成立，注册资本 20 亿元，分支机构 10 家。企业为宝钢资源有限公司的全资子公司，主要从事矿产资源的投资、贸易及物流服务，打造面向钢铁及其他工业领域的资源投资与贸易及综合物流服务平台。2017 年营业收入 107.2 亿元。

2017 年，新兴铸管(上海)金属资源有限公司被认定为第二批贸易型总部企业。企业于 2010 年 5 月在虹口注册成立，注册资本 1 000 万元，分支机构 2 家。企业是新兴际话集团下属企业，主营电解铜、粗铜、铜矿、银矿等有色金属的进出口贸易服务。2017 年营业收入 210.4 亿元。

三、 虹口区商务楼宇税收情况

(一) 区内商务楼宇基本情况

根据楼宇情况分析，截至 2017 年 12 月，全区 96 幢商务楼宇中，亿元楼 30 幢，同期增加 7 幢(表 2.11)。96 幢商务楼宇贡献税收 97.11 亿元，同比 25.41%，占全区税收总量的 38.59%，单位面积税收 4 401.02 元。

表 2.11 2017 年虹口区商务楼宇税收情况 (单位:亿元)

序号	楼宇名称	税收	序号	楼宇名称	税收
1	国航大厦	18.01	16	家化金融	1.59
2	建邦大厦	7.82	17	宝矿国际	1.57
3	国客 B4(中远泛亚)	4.61	18	香杉商务	1.56
4	国客 B5(中海发展)厦	3.59	19	福德大厦	1.54
5	城投大厦	3.55	20	瑞丰国际	1.51
6	龙之梦	3.55	21	国际大厦	1.49
7	中信广场	3.07	22	盛邦国际	1.46
8	广益大厦	2.66	23	上海滩国际	1.45
9	海泰时代	2.64	24	金岸大厦	1.43
10	国际港务	2.22	25	海运大厦	1.34
11	国客 B3(国投亚华)	2.21	26	嘉杰广场	1.28
12	家化大厦	2.12	27	高宝新时代	1.22
13	虹口 soho	2.11	28	物华大楼	1.18
14	利通广场	1.97	29	华西证券大厦	1.10
15	金陵国际	1.83	30	森林湾	1.02

数据来源:虹口区商务委员会。

(二) 三大功能区楼宇税收情况

三大功能区特征凸显(表 2.12)，楼宇数量稳步增长，产业集聚度和税收贡献度均有所提升。

表 2.12 2017 年虹口区功能区楼宇税收情况

功能区	幢数	税收/亿元	亿元楼/幢
北外滩	34	54.51	15
中　部	36	33.56	13
北　部	26	9.04	2
合　计	96	97.11	30

数据来源:虹口区商务委员会。

北外滩功能区:共计 34 幢楼宇,贡献税收合计 54.51 亿元,亿元楼 15 幢。北外滩地区凭借地理位置和楼宇品质的优势,与其他两大区域拉开明显差距,位居三大区域之首。

中部地区:共计 36 幢楼宇,贡献税收合计 33.56 亿元,亿元楼 13 幢。中部地区从产业集聚度来看,商贸休闲业与其他产业相比较为发达,由商贸休闲企业的增长带动了该地区总税收的增长。

北部地区:共计 26 幢楼宇,贡献税收合计 9.04 亿元,亿元楼 2 幢。产业集聚度相对比较薄弱,企业类型分布分散。

第九节　杨　浦　区

一、杨浦区总部经济概况

根据杨浦区商务委员会提供的资料(表 2.13),杨浦区经市级以上认定的跨国公司企业总部有共 9 家,其中亚太级企业总部 2 家,分别是汉高(中国)投资有限公司和蓝格赛企业管理(上海)有限公司,中国级企业 7 家,分别是大陆汽车投资(上海)有限公司、欧尚(中国)投资有限公司、英之杰投资(中国)有限公司、班安欧企业管理(上海)有限公司、李尔(中国)投资有限公司、欧艾斯设施管理服务(上海)有限公司和康迪泰克投资(上海)有限公司,其中康迪泰克投资(上海)有限公司为 2017 年新设。从母国来源上看,9 家企业中,4 家来自香港,其他公司则分别来自德国、法国、毛里求斯和荷兰。从总部类型上看,有 6 家投为资型总部,3 家管理型总部,投资型总部类型占主导。从注册资本上看,9 家企业的总投资额共计 9.146 亿美元,投资额 1 亿元以上的企业共 4 家,其中,欧尚(中国)投资有限公司投资额最高 3.67 亿元。然而,大陆汽车投资(上海)有限公司创造了最高的净利润 25.44 亿元以及最高的税额 5.34 亿元。因此,同样是市级以上认定的跨国公司企业总部,不同行业不同类型的总部企业,发展能力和发展趋势存在很大差别。

表 2.13　杨浦区跨国公司总部汇总

企业名称	国家或地区	级　别	类　型	投资额/亿美元	税收/亿元
汉高(中国)投资有限公司	德　国	亚太级	投资型	1.44	4.30
大陆汽车投资(上海)有限公司	德　国	国家级	投资型	2.00	5.34
欧尚(中国)投资有限公司	中国香港	国家级	投资型	3.67	1.36
英之杰投资(中国)有限公司	中国香港	国家级	投资型	1.08	暂无
班安欧企业管理(上海)有限公司	中国香港	国家级	管理型	0.27	0.56
蓝格赛企业管理(上海)有限公司	法　国	亚太级	管理型	0.03	0.09
李尔(中国)投资有限公司	毛里求斯	国家级	投资型	0.31	2.76
欧艾斯设施管理服务(上海)有限公司	中国香港	国家级	管理型	0.04	0.48
康迪泰克投资(上海)有限公司	荷　兰	国家级	投资型	0.30	0.02

数据来源:杨浦区商务委员会。

相比于市级以上认定的跨国公司,杨浦区的区级认定的企业相对较少,仅有上海小南国海之源餐饮管理有限公司和中船工业成套物流有限公司 2 个企业,两家企业总资产分别为 6.6 亿元和 80.07 亿元,创造税收 0.12 亿元和 2.02 亿元(表 2.14)。

表 2.14　杨浦区区级认定总部汇总　(单位:亿元)

企业名称	行　业	总资产	利润	税收
上海小南国海之源餐饮管理有限公司	餐饮服务	6.6	−7.06	0.12
中船工业成套物流有限公司	现代服务业	80.07	0.44	2.02

数据来源:杨浦区商务委员会。

二、杨浦区优化营商环境举措

(一) 为外资企业营造更为良好的投资环境

具体措施:①完善、丰富本区外资企业信息数据库并实现动态化管理(企业的基础数据+动态信息),有助于发现并引导成长性较好的外资企业升级成为地区总部和设立研发中心,实现外资总部的内部挖潜;②推动“外资企业共享服务中心”建设。定期组织海关、外管、税务、人保、商检等相关职能部门,为企业进行个性化的政策咨询解答和政策。邀请银行、律所、会计事务所提供专业化的打包服务;③抓住外资企业协会完成换届，激活协会的平台作用。帮助解决外资企业发展中遇到的难题，显著提升外资引进的吸引力。

（二）为重点产业升级提供更有力的政策支持

具体措施：第一，以总部经济发展政策出台为契机，重点完善、优化总部企业认定流程。加大政策宣讲力度，充分发挥好总部经济联席会议办公室的职能，为培育、引进、认定各类总部企业做好政策保障；第二，指导推动中国工业设计研究院打造并发挥国家级的功能性平台作用，研究工业设计领域的专项政策，力争引进1～2家在全国范围有影响力的设计企业落户杨浦，促进本区工业设计产业做大做强、集群化发展，延伸产业链；第三，推动与天翼创投战略合作升级，重点指导中国电信创新创业基地吸引互联网优秀创业团队入驻，进一步提升基地孵化能力，为周边众创空间输送新鲜血液；第四，以文创50条政策制定为突破口，进一步推动长阳路文创走廊（创新创业街区）的集群化、品牌化建设，打造本区文创产业中心。通过优势产业带动全区文创产业发展，进一步提升文创产业增加值在全区GDP中的占比，推动文创产业能级提升。

（三）为中小企业提供更加丰富的服务内容

具体举措：第一，重点优化本区企业服务平台体系，进一步延伸“1+7+X”①的本区企业服务网络。以公共服务机构企业培育库建设为重点加快培育市区两级公共服务机构，逐步形成杨浦公共服务机构发展的生态链，使本区企业服务体系得到进一步完善；第二，进一步规范专项资金申报评审流程，完善企业诉求反馈机制，有效开展精准服务。构建“专精特新”企业特色服务体系，形成中小企业梯度培育模式，营造良好的企业创业环境（2018年市、区级“专精特新”企业均不少于100家）。

（四）重点为企业办事提供更为便捷的流程

具体举措：第一，进一步推动“互联网+政务服务”工作，完善网上预受理制度，切实发挥政务服务平台作用，商务委9项行政许可项目明年力争全部实现三级深度办理（办理人跑现场不超过1次）。变“企业跑腿”为“信息跑路”，达到利企便民的效果；第二，发挥法律顾问作用为重要决策、重要行政行为提供咨询服务和法律支持，加强

---

① 在国家卫生计生委指导下，组建以国有资本为主体的三大健康医疗大数据集团公司，承担国家健康医疗大数据中心、区域中心、应用发展中心和产业园建设等国家试点工程任务。任务包括建设一个国家数据中心，七个区域中心，并结合各地实际情况，建设若干个应用发展中心，也就“1+7+X”健康医疗大数据应用发展的总体规划。

与市、区职能部门沟通，继续规范和完善权力清单。加强执法队伍建设，完善与相关监管部门的协同监管和信息共享机制，形成监管合力。强化对外资企业备案、预付卡备案、粮食流通领域等方面的事中事后监管，确保市场环境得到净化，让企业能够放心大胆投资。

第十节　宝　山　区

截至2017年末，宝山区经市级以上认定的跨国公司企业总部有2家(表2.15)，分别是胜狮货柜管理(上海)有限公司和林肯电气管理(上海)有限公司。其中，胜狮货柜管理(上海)有限公司成立于2008年9月24日，注册资本500万美元，由全球具领导地位的集装箱制造商、码头及集装箱堆场营运商，以及物流服务供应商胜狮货柜企业有限公司投资设立。林肯电气管理(上海)有限公司则成立于2011年4月11日，注册资本200万美元，由专注于弧焊产品设计、开发和制造的跨国性企业林肯电气公司投资设立。两家企业主要经营范围为受其母公司及其关联企业在中国境内所投资的企业的委托、为其提供投资经营决策、资金运作和财务管理、研究开发和技术支持、承接本集团内部的共享服务及境外公司的服务外包、员工培训与管理、供应链管理服务等。本区的跨国公司总部数量相对较少，且成立时间较早，现阶段总部经济发展相对缓慢。

表2.15　2016年宝山区跨国公司总部情况

企业名称	国家或地区	级　别	总部类型	投资额/亿美元	税收/亿元
胜狮货柜管理(上海)有限公司	中国香港	国家级	研发型、行政型总部	0.19	0.024
林肯电气管理(上海)有限公司	美　国	国家级	营销型、研发型、投资性	0.13	0.290

数据来源：宝山区商务委员会。

第十一节　闵　行　区

2017年，在制造业稳步回暖的带动下，闵行区经济运行总体平稳、稳中有进、稳中向好。经济数据显示，2017年全年地区生产总值2 237亿元，同比增长6.5%。财政收入稳中有增，财政总收入达780亿元，比上年增长14%。良好的经济发展势头也让闵行区颇受外资的青睐，全年一共吸引外资合同达到18亿美元，新增跨国公司地区总部7家，新增国内企业总部25家，新增先进制造业项目26个。

一、闵行区总部经济提质升级

值得注意的是，外资企业的蓬勃发展也对闵行起到了支撑作用。据2017年统计数据显示，闵行区目前共注册有7 300多家外商投资企业，尽管企业数量只占全区的6%左右，却贡献了近50%的税收，80%的外贸进出口量，66%的工业总产值和大约一半的吸纳就业人数。

现在闵行地面上的跨国公司地区总部已经接近40家，这对区内其他企业的发展起到了引领示范作用，并对构筑产业体系、产业集群产生了积极作用。2017年，闵行区继续出台一系列政策，在对外资企业服务方面精益求精。随着鼓励跨国公司设立地区总部新政策的出台和实施，吸引了越来越多的外商大力引进跨国公司地区总部和功能性机构，闵行区的总部经济发展环境正在不断优化，能级不断提升。

目前，闵行区内共吸引了57个世界500强集团投资了106家外商投资企业，包括英特尔、可口可乐、大金、雅诗兰黛等世界知名企业的总部、研发中心、销售中心等纷纷入驻虹桥商务区、紫竹高新区、莘庄工业区、闵行经济技术开发区、临港浦江园区等外资高度集中的产业园区，以及虹桥、七宝、莘庄、梅陇等外资开放度较高的镇；而经上海市商务委认定，闵行区现共有38家跨国公司地区总部(包括28家投资性地区总部，11家管理性地区总部，1家总部型机构)和43家外资研发中心(包括25家独立研发中心，18家内部研发中心)。

二、闵行区统筹能力增强，招商服务水平提升

2017年，闵行区扎实推进产业规划引导，加强功能布局研究，制定并推进建设国家产城融合示范区。健全“管委会+平台公司”机制，形成莘庄工业区、南滨江、南虹桥三大管委会及平台开发公司的发展模式，统筹全区重点区域开发建设。深化莘庄工业区“一区多园”建设。完善紫竹高新区管委会运营体制机制。完善16个成片区域转型升级方案编制，先行启动沧源科技园、光华路文创街区、燎申智城、梅陇众欣产业园四个地块。设立街道板块和虹桥商务区板块两个招商服务分中心，加强招商服务的区域和人员统筹。建立楼宇管家机制，推动税收落地，192幢重点楼宇实现税收85.4亿元。实现亿元楼25幢，比2016年增加6幢。围绕百强企业、纳税百万元以上企业、专精特新类企业、小微企业等层级，形成网格化、全覆盖的企业服务体系。加强与市场招商主体的合作，开展民企百强看闵行等系列活动。

第十二节　嘉　定　区

一、 嘉定区总部经济发展概况

近年来，嘉定区通过产业引导、政策聚焦、主动服务，着力优化营商环境，吸引了一批跨国公司将管理中心、研发中心、技术中心、销售中心、结算中心等总部职能整合到嘉定，外资总部经济发展不断壮大。

2017 年，上海蔚来汽车有限公司升级投资性公司，于 5 月通过上海市商委总部认定，合同外资 12 亿美元；爱茉莉太平洋贸易有限公司升级管理性公司，于 12 月通过市商委总部认定，合同外资 1 000 万美元；沃尔沃汽车（中国）投资有限公司升级认定为亚太区地区总部。截至 2017 年底，嘉定区经市级认定的外资总部共 24 家，合同外资 21.2 亿美元，其中跨国公司地区总部 21 家（全球地区总部 1 家，亚太区总部 2 家），贸易型总部企业 3 家（表 2.16）。

表 2.16　嘉定区外资总部企业名单

序号	企业名称	合同外资 /万美元	国家或地区	类　型
1	重机（中国）投资有限公司	4 610.00	日　本	跨国公司地区总部
2	舍弗勒（中国）投资有限公司	12 042.00	德　国	跨国公司地区总部
3	美卓（中国）投资有限公司	3 000.00	芬　兰	跨国公司地区总部
4	沃尔沃汽车（中国）投资有限公司	22 400.00	瑞　典	跨国公司地区总部①
5	本特勒投资（中国）有限公司	49 00.00	奥地利	跨国公司地区总部
6	矢崎（中国）投资有限公司	14 517.94	日　本	跨国公司地区总部
7	安通林（中国）投资有限公司	7 692.31	西班牙	跨国公司地区总部①
8	上海蔚来汽车有限公司	120 000.00	中国香港	跨国公司地区总部
9	博泽汽车技术企业管理（中国）有限公司	2 076.00	德　国	跨国公司地区总部
10	奥托立夫（上海）管理有限公司	200.00	瑞　典	跨国公司地区总部
11	吉博力（上海）投资管理有限公司	200.00	瑞　士	跨国公司地区总部
12	华宝（上海）管理有限公司	200.00	中国香港	跨国公司地区总部
13	曼胡默尔管理（上海）有限公司	200.00	德　国	跨国公司地区总部
14	芬纳（上海）管理有限公司	200.00	英　国	跨国公司地区总部
15	科世达（上海）管理有限公司	2 196.00	德　国	跨国公司地区总部
16	福斯润滑油企业管理（上海）有限公司	200.00	德　国	跨国公司地区总部
17	萨帕（上海）管理有限公司	210.00	瑞　典	跨国公司地区总部

续表

序号	企业名称	合同外资/万美元	国家或地区	类　　型
18	德尔福派克(上海)国际管理有限公司	200.00	新加坡	跨国公司地区总部②
19	泰明顿企业管理(上海)有限公司	210.00	英　国	跨国公司地区总部
20	英纳法企业管理(上海)有限公司	200.00	荷　兰	跨国公司地区总部
21	爱茉莉太平洋贸易有限公司	1 000.00	中国香港	跨国公司地区总部
22	上海上汽大众汽车销售有限公司	899.40	中/德	贸易型总部
23	沃尔沃汽车销售(上海)有限公司	200.00	瑞　典	贸易型总部
24	矢崎(中国)投资有限公司	14 517.94	日　本	贸易型总部

注:①表示全球地区总部;②表示亚太地区总部。
数据来源:嘉定区商务委员会。

外资总部企业对嘉定的产业发展贡献突出,2017 年,矢崎(中国)投资有限公司、爱茉莉太平洋贸易有限公司、沃尔沃汽车销售(上海)有限公司入围 2016 年度上海市外资百强企业,分别实现销售总额 87.86 亿元、59.43 亿元、93.56 亿元,实现利润 3.76 亿元、1.59 亿元、2.42 亿元,上缴税收 1.59 亿元、10.19 亿元、12.86 亿元,吸纳就业人数 645 人、9 700 人、331 人。

嘉定区总部经济发展呈现如下特点:一是制造业转型升级推动,嘉定区的总部企业中有相当部分是由原来的制造基地在向高端发展和两端延伸的过程中,将其管理、研发、销售、结算等职能剥离并升级而来,其中汽车制造及汽车零部件、机械设备、电子电气占绝大多数。二是服务业比重逐步提升,随着嘉定产业结构转型和服务业领域对外开放程度的不断扩大,在嘉定设立的总部企业从传统制造业领域逐步拓展到研发、设计、金融、商业等服务业领域,服务业总部的比重逐步提高。2017 年 5 月获得认证的上海蔚来汽车有限公司就是一家以新能源汽车投资、研发为主的投资性总部,投资总额达 36 亿美元,合同外资 12 亿美元,是目前该区投资规模最大的总部企业。三是总部能级不断提升,总部授权管理的区域不断扩大,从长三角扩大至中国区、大中华区、亚洲、亚太区乃至全球,服务全国、面向世界的总部核心地位不断凸显。2014 年德尔福集团将德尔福派克电子与电气系统事业部全球总部落户嘉定,德尔福派克(上海)国际管理有限公司成为该区第一家全球性总部,标志着嘉定区跨国公司地区总部能级提升的一次重大飞跃。

总部型企业培育方面,因该区总部政策制定较早,对总部的有关经济指标要求规范,如在本区落地的内资总部,其中一项条件为“注册资本不低于 1 亿元人民币,母公司资产总额不低于 10 亿元人民币”,导致近两年来符合条件的企业较少。截至 2017

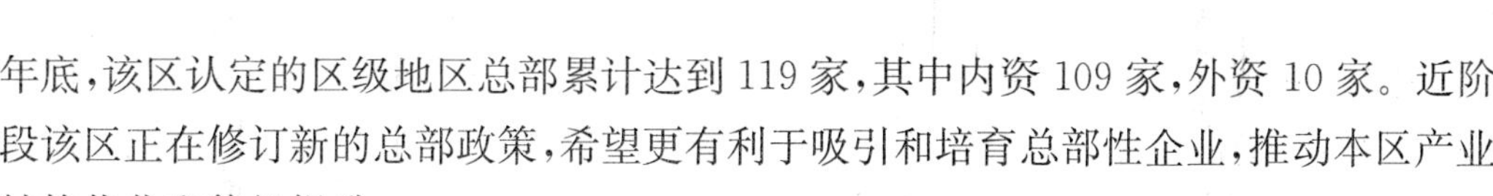

年底，该区认定的区级地区总部累计达到119家，其中内资109家，外资10家。近阶段该区正在修订新的总部政策，希望更有利于吸引和培育总部性企业，推动本区产业结构优化和能级提升。

二、 嘉定区境外投资发展情况

2017年嘉定企业持续“走出去”步伐，累计批准境外投资项目数为50个(含变更)，其中新设30个、增资10个。境外投资总额4.07亿美元，同比下降56.56%；其中中方实际投资额1.94亿美元，同比下降54.88%。截至2017年底，嘉定区企业已累计设立海外企业244家，中方实际投资11.51亿美元。

从投资国别来看，中国香港稳居境外投资地区首位，2017年在中国香港新设企业11个，占全区新设的36.67%，总投资4 616.04万美元，占境外投资总额的11.35%。中国香港虽然集中了逾1/3的境外投资，但是投资规模较小，投资领域主要集中在商务服务业、互联网、信息技术服务行业。其次为美国，新设企业5个，占全区新设的16.67%，总投资812万美元。

从投资领域来看，投资行业覆盖越来越广泛，从原来较单一的投资类扩展到商贸、研发、制造、咨询、农业等各行各业。从投资规模看，总投资日益扩大，2017年境外投资总投资超过1 000万美元的项目共7个(含增资项目)。

2017境内优质企业加速“走出去”步伐，其中网宿科技股份有限公司在香港、马来西亚、印度、俄罗斯、爱尔兰、加拿大、美国等地分别新设8家境外公司，总投资5 128.38万美元，积极推动中国软件和信息技术服务业走向全球；爱普香料集团股份有限公司于2017年10月对其新加坡子公司AICE集团控股有限公司增资，投资总额1.68亿美元，主要从事食品(冰激凌)产品的研发咨询、生产制造。

三、 嘉定区总部基地、商务楼宇现状及贡献

(一) 现代服务业集聚区——嘉定新城上市企业总部集聚商务区的建设

嘉定新城上市企业总部集聚商务区位于嘉定新城中心区，划分为三大功能组团：一是以金融、贸易等现代服务业为发展重点的上市企业总部商务区(规划面积937亩，建筑面积约120万平方米)；二是以配套人才公寓、学校、邻里中心、餐饮场所、文体中心、会议中心、星级商务酒店等业态为主的上市企业总部配套区(规划面积815

亩，建筑面积约94万平方米）；三是专为优秀企业迅速成长、跨越升级而设的上市企业孵化区（规划面积300亩，建筑面积约30万平方米），主要计划引进著名的金融证券机构、商务咨询公司、会计师事务所等中介机构。嘉定新城企业总部集聚商务区规划面积42公顷；边界范围：东至阿克苏路、南至双丁路、西至永盛路、北至伊宁路，规划面积42公顷，总建筑面积约70万平方米，以金融、贸易、高科技研发等现代服务业及生产性服务业为发展重点。

2017年，集聚区建设持续推进，国北科技、绿地集团总部园区项目相继开工建设。永清环保、美年大健康、瑞慈医疗、神马电力等重点企业意向入驻。城市商业功能不断完善，位于新城核心区域的大型商场如宝龙城市广场、大融城项目等经营良好，客流量稳定；还有若干新的广场建设将项目也在有序拓展，如西云楼、中信泰富广场等；保利凯悦大酒店主建筑施工基本完成；社区配套商业逐步完善，龙湖邻里中心、新城金郡邻里中心全面投入运营，标准化菜场、便利店、药房、洗衣店、教育培训等便民商业设施全面配备，为新城居民提供更加便利的生活服务。

（二）嘉定区商务楼宇结构分析及贡献

近年来，随着嘉定深入推进现代化新型城市建设，全区商务楼宇数量逐年增加，商务楼宇入驻单位不断增多，入驻单位经济效益进一步提高，楼宇税收收入持续增长。截至2017年底，全区投入使用的商务楼宇共117幢，较上年同期增加6幢，占地面积117.6万平方米，同比增长13.6%，总建筑面积341.6万平方米，同比增长11.6%。

1. 在地单位收入——快速增长

2017年，全区商务楼宇在地单位共1 687家，同比增长11.2%，较上年同期增加170家。在地单位累计实现营业收入437.9亿元，同比增长20.4%；资产总计742.6亿元，同比下降4.3%；利润总额13.4亿元，同比增长42.5%；纳税合计13.0亿元，同比下降3.7%。

2. 在地单位行业分布——集中于商贸服务业

从行业分布情况看，全区商务楼宇在地单位以批发零售业和服务业为主，且服务业单位比重逐年提升。在地单位中，批发和零售业单位共717家，占42.5%，比重较上年同期下降了0.7个百分点；服务业单位669家，占39.7%，比重较上年同期提高了2.6个百分点。其余建筑业、房地产业、制造业、交通运输业、金融业和住宿餐饮业单位占比分别为5.4%、3.7%、3.1%、2.2%、1.8%和1.6%（表2.17）。

表 2.17 2017 年商务楼宇在地单位行业分布情况

行 业	单位数/家	比重/%	营业收入/亿元	比重/%
批发和零售业	717	42.5	261.1	59.6
租赁和商务服务业	303	18.0	19.0	4.3
科学研究和技术服务业	169	10.0	43.5	9.9
信息传输、软件和信息技术服务业	132	7.8	42.1	9.6
房屋建筑业	91	5.4	16.7	3.8
房地产业	63	3.7	17.0	3.9
制造业	53	3.1	22.4	5.1
交通运输、仓储和邮政业	37	2.2	8.8	2.0
金融业	30	1.8	3.3	0.8
住宿和餐饮业	27	1.6	1.2	0.3
教育	20	1.2	0.8	0.2
居民服务、修理和其他服务业	19	1.1	0.4	0.1
文化、体育和娱乐业	17	1.0	1.1	0.3
水利、环境和公共设施管理业	5	0.3	0.4	0.1
公共管理、社会保障和社会组织	3	0.2	0.01	0.0
卫生和社会工作	1	0.1	0.000 4	0.0
总计	1 687	100.0	437.9	100.0

数据来源:嘉定区商务委员会。

(三)商务楼宇创造的税收

2017 年嘉定区商务楼宇纳税总额 34.0 亿元,同比增长 7.1%,其中属地税收 32.1 亿元,同比增长 5.4%,税收属地率 94.4%,较上年同期下降了 1.6 个百分点。商务楼宇创造的税收包括以下两个特点:一是注册型单位大量入驻。近年来,各街镇进一步加强了商务楼宇招商力度,吸引大量注册型企业入驻。2017 年,全区商务楼宇共入驻单位 13 440 家,同比增长 48.8%,较上年同期增加 4 405 家。其中注册型单位 11 753 家,占 87.4%,同比增长 56.3%,较上年增加 4 235 家。商务楼宇入驻单位累计实现营业收入 936.7 亿元,同比增长 15.6%。二是重点楼宇支撑税收增长。2017 年,全区纳税额达 2 000 万元及以上的重点楼宇共 24 幢,较上年同期增加 2 幢,重点楼宇累计实现属地税收 29.4 亿元,同比增长 14.1%,占全区商务楼宇属地税收的 91.5%,重点楼宇对稳定和支撑全区楼宇税收起到了积极作用。

(四)商务楼宇集中发展态势分析

从商务楼宇空间分布来看,嘉定区商务楼宇分布以中南部为主。中部和南部分别依托嘉定新城建设和良好的商贸产业发展基础，成为楼宇经济主要集聚区。楼宇数量排名前五的街镇依次为江桥镇、嘉定新城（马陆镇）、安亭镇、真新街道和南翔镇；楼宇建筑面积排名前五的街镇依次为嘉定新城（马陆镇）、真新街道、江桥镇、安亭镇和工业区。

四、 嘉定区完善商务环境的举措

（一）注重产业定位和规划研究

针对楼宇经济区域发展不平衡等情况，加快研究楼宇经济发展空间布局规划和业态规划，明确嘉定区楼宇经济空间发展布局的区位优势与产业功能定位，促进楼宇合理集聚和布局优化。

（二）注重提升楼宇品质和竞争力

一方面科学引导产业发展，提高行业档次，力求引进总部经济，发挥品牌优势，吸引特定产业关联企业成规模入驻，提高楼宇竞争力。另一方面，注重为楼宇经济发展提供各种优质商务配套服务，包括提高楼宇的智能化水平，实现楼宇办公、通讯、安保、消防等智能化运营；配备专业化与技能过硬的管理和服务人员，提供区域内物业服务的执行效率；强化楼宇配套支撑，合理配置商业零售、文化休闲、餐饮娱乐等服务项目，提升楼宇品质。

（三）加强楼宇宣传与招商引资

积极推进招商引资工作，做好楼宇规划、完善配套功能、加大宣传力度，为搞好楼宇经济奠定坚实基础，并进一步加强与税收未落地法人单位的沟通，做好具体原因的梳理汇总，研究整体解决方案，吸引更多企业注册，增加税源，最大化地利用有限的楼宇资源。

五、 嘉定区新增商务楼宇预测及工作重点

（一）2018 年新增商务楼宇预测

2019 年，嘉定区将继续对本区范围内总建筑面积达 5 000 平方米或 8 层以上的

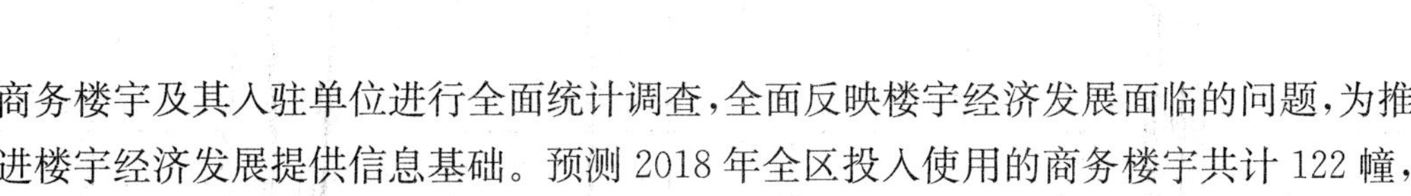

商务楼宇及其入驻单位进行全面统计调查，全面反映楼宇经济发展面临的问题，为推进楼宇经济发展提供信息基础。预测 2018 年全区投入使用的商务楼宇共计 122 幢，较上年同期增加 5 幢。

（二）下阶段重点工作

1. 加强楼宇经济载体建设

一是盘活存量，支持老旧楼宇升级改造，着力提高楼宇智能化管理水平。二是做优增量，引导开发商建设高品质综合体、专业楼宇，对空间资源不足的区域，做强配套、做优环境，形成条块结合、覆盖全域的楼宇集群发展空间。三是规划储量，加强楼宇布局规划引导，明确各产业功能区楼宇经济发展定位和思路。

2. 吸引优质经济主体聚集

一是根据全区经济发展规划和楼宇发展规划，开展楼宇品牌推广和主题楼宇招商，加大对行业龙头企业、总部企业、特色品牌企业、新兴成长型企业等投资主体的引进。二是加强对专业运营机构、优质物业企业、知名投融资机构、行业商协会等服务主体的招引力度，提高楼宇管理专业水平，提升楼宇经济服务能力。

3. 激发楼宇创新转型活力

一是推动楼宇孵化创新，引导和扶持有条件的楼宇向众创空间转变，孵化培育一批初创型、科技型企业，形成楼宇孵化生态链。二是推动项目融资创新，培育和引进担保公司、小贷公司、融资租赁公司等金融服务机构和各类创投基金，为入楼企业提供创业投资、债权融资、上市融资等投融资服务，推动楼宇项目突破发展瓶颈。三是推动管理模式创新，引导存量楼宇转变经营模式，引进专业团队整体招商运营，鼓励楼宇转型升级。

第十三节　金　山　区

一、 金山区总部经济发展概况

金山区总部经济发展基础相对薄弱，在 2016 年之前，并没有经市级以上认定的跨国公司企业总部。而且国内的企业总部仅有 2 家，分别是上海新跃物流企业管理有限公司和上海化工品交易市场经营管理有限公司，总投资额为 1.42 亿元，分别从事服务业与化工品交易业，其总的销售规模与对地方财政的贡献相对较小。

表 2.18 金山区总部企业名单 （单位：亿元）

企业名称	行　业	投资额	总资产	利润	税收
上海新跃物流企业管理有限公司	服务业	0.92	2.25	0.30	0.08
上海化工品交易市场经营管理有限公司	化工产品交易	0.50	1.76	0.00	0.07

数据来源：金山区商务委员会。

二、 商务楼宇结构及对本区的贡献

金山区商务楼宇发展较为缓慢，规模小、这主要与金山区的产业结构相关，以第一第二产业为主的金山区对楼宇的需求相对较小。且地处远郊，服务业发展相对滞后，且服务居民的生活性服务业可以通过其他区域进行满足，因此，楼宇经济的发展尚需时日，目前全区商务楼宇情况如表 2.19。

表 2.19 金山区商务楼宇名单

序号	商务楼宇名称	级　别	企业数/家	建筑面积/m^2	商务面积/m^2
1	合欣大厦(思致广场商务楼 B♯楼)	非甲级	未入驻	14 369.97	
2	光明.koko 都乐汇写字楼(南)	非甲级	8		9 541.32
	光明.koko 都乐汇写字楼(北)	非甲级	3		9 603.72
3	金山工商联大厦	甲　级	30	80 170.60	29 762.56
4	华府海景	非甲级	30	26 401.06	
5	万达办公楼	非甲级	7	24 165.95	
	万达办公楼	非甲级	7	25 187.80	
	万达办公楼	非甲级	7	25 241.60	
6	禾龙大厦	非甲级	38	17 224.00	12 570.00
7	山鑫置业	非甲级	7	6 400.00	700.00
8	山鑫城市广场商务中心	非甲级	8	16 000.00	3 800.00
9	驿宾楼	非甲级	18	20 000.00	
10	金山卫商务大厦	非甲级	31	11 300.00	8 335.00

数据来源：金山区商务委员会。

第十四节　松　江　区

松江区位于上海市西南部，是以上海为中心的长三角城市群重要节点，具有区位条件优越、城市环境良好、内外平台宽广、产业要素集聚、综合实力雄厚的发展优势，工业生产总值常年保持在全市前列。近两年，随着 G60 科创走廊建设的不断加快，松江区已经逐渐成为全市经济发展最活跃的区域之一。吸引国内外公司在松江设立地区总部一直是松江主动对接上海“四个中心”建设，建设 G60 科创走廊，提升城市能级，提高利用内外资质量和水平的重要抓手，也是建设“科创、人文、生态”的现代化新松江的有效途径。加快发展总部经济，能更好地加快松江产业结构的转型升级，提升区域经济发展的竞争力和辐射作用。

截至 2017 年，松江区共有商务部及上海市商务委认定的跨国公司地区总部 8 家，其中投资性公司 4 家，其余为管理性公司，共 4 家；贸易型总部 2 家；研发中心 19 家，其中独立研发中心 6 家，非独立研发中心 13 家，合计投资总额 12.65 亿美元，平均投资规模 6 660.2 万美元；世界 500 强投资企业 30 家。松江区认定国内大企业总部和区域总部 10 家。

一、 松江区跨国公司企业总部发展情况

（一）数量相对较少，发展趋势疲软

目前，松江区共有跨国公司地区总部 8 家，无论是绝对数量还是占全市比重都很小。8 家总部企业投资总额共计 3.97 亿美元，除采埃孚及恩梯恩两家企业投资总额过亿美元，其余 6 家投资总额仅有 9 115 万美元，平均投资规模仅为 1 519 万美元。从设立时间来看，主要集中在 2011 年以前，其中 2004 年设立的有 1 家，2007 年设立的有 2 家，2010 年设立的有 2 家，2011 年设立的有 3 家，呈现稳定上升的发展态势，可是之后再无跨国公司地区总部落户松江。

（二）不同类型总部企业间的贡献率差异明显

目前松江总部地区还是以管理性公司为主，与投资性公司之间的贡献率差异较大。这主要是因为管理型总部企业主要承担着属下企业及其关联企业的财务、人事、IT、总务等“后勤”职能，收入来源主要是收取服务费，因此效益不明显。但近年来采埃孚、恩梯恩等地区总部业务范围已经扩展到研发、营销、资金管理等综合功能，将为企业和松江经济发展带来更大的贡献，也为松江的总部经济发展提供了方向性的指引，即以投资性、营运性企业总部为主要发展方向。

其中，采埃孚（中国）投资有限公司注册资本 13 000 万美元，主要从事投资、管理、研发等业务。得益于九亭的地理位置及当地政府的极力引荐，公司在松设立了地区总部。九亭镇政府对公司也给予了极大的支持，并为公司预留了 16 亩土地用作进一步发展。公司也有意向整合一些业务放在松江。进一步做大做强。

恩梯恩(中国)投资有限公司注册资本 25 654 万美元,主要从事投资、管理、销售(部分)、技术服务业务。由于制造工厂早先已在松江设立,加上松江的投资环境及政策支持,投资公司从中心城区迁到了松江。

达迩(中国)投资有限公司注册资本 10 170 万美元,主要从事投资业务。公司设立在松江,中介咨询公司起到了一定的推动作用。公司目前业务比较单一,下一步公司将拓展新的业务,以期有更好的发展。

大都利美特(中国)投资有限公司注册资本 3 200 万美元,由于业务发展不畅,公司目前暂无业务开展。

G60 科创走廊的发展,给总部经济的发展带来了机遇,我们在调研走访中也深深感到了企业的发展热情。得益于松江区政府对企业的高度重视及优质的服务,企业均有意向进一步做大做强。同时,从企业的反馈来看,在政策扶持方面,上海各区存在一定的差距,加上区域位置的差异,松江的优势不明显。

表 2.20　松江区跨国公司地区总部机构数据表

企业名称	国家或地区	级　别	行　业	总部类型	投资额/亿美元	销售收入/亿元	税收/亿元
采埃孚(中国)投资有限公司	德　国	国家级	制造业	投资性	1.30	5.70	1.73
凸版(上海)企业管理有限公司	日　本	国家级	制造业	管理性	0.03	0.22	0.07
上海 ICI 研发管理有限公司	荷　兰	国家级	制造业	管理性	0.13	0.02	0.02
大都利美特(中国)投资有限公司	日　本	国家级	服　饰	投资性	0.32	0.07	0.00
上海维星企业管理有限公司	新加坡	国家级	制造业	管理性	0.05	0.06	0.02
普茨迈斯特(上海)企业管理有限公司	德　国	国家级	制造业	管理性	0.03	0.96	0.09
达迩(上海)投资有限公司	日　本	国家级	制造业	投资性	1.02	0.00	0.29
恩梯恩(中国)投资有限公司	日　本	国家级	制造业	投资性	2.57	21.76	1.61

数据来源:松江区商务委员会。

二、 松江区国内企业总部发展情况

(一) 总部集聚效应初步显现

目前松江区的总部企业主要集中在临港松江科技园、国家级松江经济技术开发区、松江新城总部功能研发区等三大功能区。临港松江科技园集中了网鱼信息、形状记忆、云锡贸易等多家总部企业,其中云锡贸易为 2017 年新获评的上海市贸易型总部之一。松江经济技术开发区吸引了 ICI、恩梯恩、正泰电气等企业入驻,其中正泰电气与启迪合作的正泰启迪智电港项目正在迅速形成产业集群。松江新城总部功能研发区拥有飞科、日播等多家大型上市企业，总部研发功能较为集中（表 2.21）。

表 2.21 松江区国内大企业总部机构数据表 （单位：亿元）

企业名称	行 业	是否新设	销售收入	税收
天喔食品（集团）有限公司	休闲食品	新设	15.91	0.41
中饮食品科技股份有限公司	食 品	新设	8.67	1.03
上海网鱼信息科技有限公司	网络信息	迁入	1.75	0.44
美联钢结构建筑系统（上海）股份有限公司	制造业	新设	8.62	0.24
飞雕电器集团有限公司	电气制造	新设	6.62	0.43
上海飞科电器股份有限公司	小家电	新设	38.49	4.79
上海来伊份股份有限公司	休闲食品	新设	25.36	0.91
上海路桥发展有限公司	建设设计	迁入	9.56	2.48
上海形状记忆合金材料有限公司	医疗器械	新设	0.94	0.22
正泰电气股份有限公司	电 气	新设	69.38	2.00
康德乐（上海）医药有限公司	医 药	迁入	150.50	1.47
云锡贸易（上海）有限公司		迁入	183.00	0.11

数据来源：松江区商务委员会。

（二）区内总部企业以制造业居多

松江区有着比较强的产业基础和产业综合配套能力，随着先进制造业的发展，越来越多的生产企业已陆续将总部与生产基地分离，比如飞科、来伊份等企业建立的总部，将产业链中除生产端之外的各部门如研发、采购和营销等集中于一体，大大提高了运营效率，像恩梯恩、本田摩托将研发设计整合形成研发总部。随着越来越多的制造企业将总部与生产基地分离，将极大地促进松江总部经济的发展。

三、 松江区商务楼宇发展情况

松江商办用地约 4.3 平方公里，建筑面积约 500 万平方米，主要分布在松江新城和松江区东部和东北部，其中中山街道最多，九亭次之，主要沿 G60 集聚，总体分散，局部集聚。主要集聚区域为：临港松江科技城、松江新城国际生态商务区、松江经开区等。另一方面，大部分工业园区内商务办公设施分布零散，全区商务办公用地整体使用率一般。

商务办公较为集中的区域为松江新城国际生态商务区，位于松江新城的东北部，东到沪松公路，南临梅家浜路，西靠通波塘，北至辰花公路，总面积 4.14 平方公里，规划居住生活空间可容纳约 5 万人。该商务区将以“生态商务”为发展基调，建立集文化娱乐、商务服务、生活居住等功能于一体的复合型城区。十二五期间，该生态商务区已完成了基本框架，计划十三五末基本建成。

表 2.22 松江区部分商务楼宇数据表

（单位：m²）

商务楼宇名称	地 址	建筑面积	商务面积
洞业路 111 号	洞业路 111 号 A 幢		980.00
宜华时代家具	沈砖公路 5555 号 18 幢	8 400.00	8 400.00
同乐路 566 弄	1 号楼 503 室	12 396.74	12 396.74
周家浜路 225 号	2 号楼 601 室办公室	23 468.68	23 468.68
上海盛万佳食品有限公司	同乐路 358 号	3 891.00	3 891.00
风君大楼	张泾路 829 号	7 029.99	703.99
上海喝采实业有限公司	洞泾镇茂盛路 202 弄 50 号	9 154.46	5 576.00
TECH 耀	沈砖公路 5666 号 A、B、C、D	53 702.00	53 702.00
维也纳佘山欢乐谷店	沈砖公路 5555 弄 11 幢	8 786.00	8 786.00
美善新天地	洞薛路 298 号	15 838.38	15 088.38
洞薛路 218 号 15 栋	洞薛路 218 号 15 栋 1—23 号	5 969.65	4 769.65
恒福科技	洞业路 108 号	2 315.87	2 315.87
亚美尚广场	沪松公路 3670 号	12 669.00	12 669.00
宝达诚	茸兴路 288 弄	38 901.30	26 236.50
呈远广场	茸梅路 518 号	40 012.00	17 012.00
佳预大厦	九亭镇沪松公路 1177 号	78 067.00	4 389.00
美林勤奋（万科创业园）	九亭镇伴亭路 228 号	9 000.00	2 902.00
星汇大厦	九亭镇沪松公路 1197 号	10 340.00	1 580.00
星晨大厦	九亭镇沪松公路 1217 号	8 800.00	2 255.00
久富立同商务大厦	九亭镇久富路 650 号	311 329.00	2 725.00
新雅商务大厦	九亭镇九泾路 701 号	15 000.00	3 374.00
磊鑫商务大楼	九亭镇伴亭路 68 号	15 000.00	3 348.00
嘉南红塔商务楼	九亭镇九泾路 655 号	54 983.00	100.00
品耀商务大厦	九亭镇涞寅路 1898 号	26 700.00	6 353.00
丰源大厦	新松江路 909 号	13 146.70	
兰桥商务楼	思贤路 1336 号	11 602.83	
松新商务楼	新松江路 1800 弄 3 号	11 790.67	
恒杰商务楼	新松江路 1234 号、1060 号	26 000.00	
郭氏三迪曼哈顿	上海市松江区广富林路 600 弄		83 449.90
松江万达广场 SOHO	上海市松江区广富林路 658 弄		83 414.90
开天大厦			26 638.00
嘉鸿大厦	上海市松江区广富林路 699 弄		25 085.00
乐都大厦	乐都路 251 号		23 781.59
玩库实业		30 000.00	10 000.00

数据来源：松江区商务委员会。

商务区规划可出让土地1 745亩、共36幅地块(住宅730亩,商业商务办公1 015亩)。已完成出让1 127.47亩、26幅,占可出让面积的64.6%。未出让617.53亩、10幅(住宅388.07亩,商业办公229.46亩)。

规划总建筑面积373.48万平方米,其中商务商业180.6万平方米、住宅168万平方米,新增总面积273.6万平方米。开发至今,新建成商业办公和住宅面积104.59万平方米,在建商业办公和住宅面积61.23万平方米,新建和在建总面积165.82万平方米,占规划新增总面积60.6%。规划新(改)建道路22条(总长10.5公里),目前基本建成通车(已完成10.1公里,占96.2%),商务区路网已形成规模,道路通行水平得到有效提高。

另外,2015年开工的拉斐尔云廊项目一期已经结构封顶,占地面积220亩、建筑面积43万平方米的10栋高楼沿着G60拔地而起,规划中的效果已初现雏形,未来将成为松江商务办公的又一聚集地。

第十五节　青　浦　区

一、 青浦区跨国公司总部发展概况

近年来,青浦区经济社会保持平稳健康的发展,经济总量不断增大,结构调整步伐不断加快,创新驱动、转型发展态势不断增强,总部经济发展态势良好,潜力巨大。2012年至今,包括尤妮佳(中国)投资有限公司、天田(中国)有限公司、希悦尔投资(管理)上海有限公司、奎克化学投资管理(上海)有限公司及上海银天下投资集团有限公司5家跨国公司地区总部落户青浦区(表2.23)。

天田(中国)有限公司于2012年7月10日被上海市商务委员会正式批准认定为跨国公司地区总部(投资性公司)。公司注册资本为300 000万日元(折合3 600万美元),投资方天田株式会社是一个专业生产钣金加工机械的大型跨国公司。希悦尔投资管理(上海)有限公司于2013年3月14日被上海市商务委员会正式批准认定为跨国公司地区总部(亚洲区)。希悦尔投资管理(上海)有限公司是美国希悦尔集团在上海设立的管理型公司地区总部。尤妮佳(中国)投资有限公司于2012年7月被上海市商务委认定为投资性地区总部。该公司是日本尤妮佳株式会社在上海设立的投资性地区总部,注册资金超过2.8亿美元,负责尤妮佳集团在中国地区的投资、管理等工作。奎克化学投资管理(上海)有限公司于2015年11月17日被上海市商务委员会正式批准认定为地区总部(亚太区),该公司是美国奎克化学有限公司通过其全资

子公司荷兰奎克中国控股公司在上海设立的管理型公司亚太地区总部，注册资本200万美元。上海银天下投资集团有限公司于2017年3月被市商务委认定为投资性地区总部。上海银天下是银科投资控股有限公司在上海设立的投资性公司地区总部，实缴注册资金达3 000万美元。

表2.23 青浦区跨国公司地区总部机构情况表

企业名称	国家或地区	行 业	总部类型
天田(中国)有限公司	日 本	制造业	投资型
希悦尔投资管理(上海)有限公司	美 国	制造业	管理型(亚太区)
尤妮佳(中国)有限公司	日 本	制造业	投资型
奎克化学投资管理(上海)有限公司	美 国	制造业	管理型(亚太区)
上海银天下投资集团有限公司	英属开曼群岛	投 资	投资型

数据来源：青浦区商务委员会。

二、 青浦区国内企业总部发展情况

为充分发挥总部经济对地区经济的带动作用，加大对总部企业的扶持力度，切实提升青浦区发展总部经济综合竞争力，2013年制定出台《青浦区促进总部经济及其他重大项目发展实施细则》并于2016年重新修订完善。截至2017年，共有15家区级总部在青浦区获得认定，总部呈现出以下特点。

(一) 从企业性质看，内资总部为主体

15家地区总部企业中，外资企业为三家，分别是上好佳、元祖及日泰，占比为20%，注册资金总额达到5 700美元。内资企业注册资金近31.5亿元，其中德邦、巴安水务、汉得信息、创力集团的注册资金皆超过2亿元，威马汽车注册资金为4.8亿元，德邦更是达到8.6亿元(表2.24)。

(二) 从资本市场看，上市企业占多数

区级总部中，9家企业为上市公司，占比达到60%，主要集中于快递物流及信息领域。15家总部企业中，位列青浦区纳税百强的就有10家，包括德邦、上好佳、元祖、汉得、日泰、南极人、熊猫、圆通、创力及亚士，除此之外，其他企业如天玑科技、巴安水务也都是高新技术企业，汇聚了众多技能、知识型人才，为青浦区科技创新发展贡献了人力、智力。特别是2015年落户青浦区的威马汽车总部，更是独角兽企业，为青浦

的经济发展增添重要一笔。

（三）从知名度看，品牌影响力大

区级总部企业行业类别齐全，既有以制造业产业为支撑的总部企业，也有包括食品加工、商贸、信息技术、环保解决方案、物流快递等行业的总部企业。这些总部企业在行业内引领作用明显，大部分企业名列各自行业前茅，例如上好佳、元祖等食品类企业，德邦、圆通等物流快递企业，威马新能源汽车等，在国内外都具有极大的影响力。

表 2.24　青浦区地区总部机构情况表

企业名称	来源地	注册资金	总部类型
德邦物流股份有限公司	中国大陆	86 000	国内企业(地区)总部
上好佳(中国)有限公司	菲律宾	1 860*	企业(功能性)总部
上海元祖梦果子股份有限公司	中国台湾	2 840*	企业(功能性)总部
上海巴安水务股份有限公司	中国大陆	26 680	企业(功能性)总部
上海安诺其纺织化工股份有限公司	中国大陆	16 050	企业(功能性)总部
上海天玑科技股份有限公司	中国大陆	13 933	企业(功能性)总部
上海汉得信息技术股份有限公司	中国大陆	26 617	企业(功能性)总部
日泰(上海)汽车标准件有限公司	中国香港	1 000*	企业(功能性)总部
南极人(上海)纺织科技股份有限公司	中国大陆	15 800	企业(功能性)总部
上海熊猫机械(集团)有限公司	中国大陆	12 000	国内企业(地区)总部
圆通速递有限公司	中国大陆	18 819.67	国内企业(地区)总部
上海创力集团股份有限公司	中国大陆	23 868	国内企业(地区)总部
威马汽车技术有限公司	中国大陆	48 000	国内企业(地区)总部
亚士创能科技(上海)股份有限公司	中国大陆	14 580	国内企业(地区)总部
上海永冠众诚新材料科技集团股份有限公司	中国大陆	12 494.37	国内企业(地区)总部

注：注册资金单位为万元，标“*”单位为万美元。
数据来源：青浦区商务委员会。

三、青浦区总部基地及商务楼宇发展情况

截至 2017 年，青浦区共有总部试点基地 3 家，分别为上海淀山湖总部基地、西虹桥总部园及上海移动互联网产业基地，生产性服务业功能区 6 家，分别为上海华新生产性服务业功能区(51.8 公顷)、上海淀山湖生产性服务业功能区(133 公顷)、上海 E 通世界生产性服务业功能区(虹桥园 2.99 公顷、华新园 6.57 公顷)、上海嘉壹智汇生产性服务业功能区(3.99 公顷)、国家会展中心(上海)生产性服务业功能区(85.59 公顷)

及上海移动智地生产性服务业功能区(33.14 公顷)。目前,青浦区内商务楼宇集中在轨交 17 号线周边及西虹桥商务区,除绿地世界中心外,其余以在建为主(表 2.25)。

表 2.25　青浦区商务楼宇情况表

序号	楼宇名称	楼宇性质	占地面积/m^2	建筑面积/m^2
1	绿地虹桥世界中心	商办	184 292.80	552 878.40
2	联美项目	商办	116 554.40	291 386.00
3	上海中建孚泰置业有限公司	商办	58 922.88	363 034.23
4	上海博万兰韵投资有限公司	商办	43 287.20	240 000.00
5	博隆(虹桥)商业广场	商办	38 000.00	77 389.65
6	宝龙地产华新项目 E-3-06 地块	商办	44 475.80	151 560.30
7	宝龙地产华新项目 E-3-07、E-3-10 地块	商办	21 032.33	121 476.90
8	北极星广场	商办	10 790.00	30 606.00
9	淀山湖大道北侧 22-07	商办	7 452.00	14 904.00
10	东渡国际集团	混合	68 027.02	379 581.00
11	富绅时代广场	商办	24 129.53	102 166.50
12	青浦万达茂中心	混合	88 000.00	450 000.00
13	青浦站	商办	48 827.00	192 325.70
14	青浦站东侧	商办	36 856.00	125 260.00
15	四维尔时代广场	商办	4 668.00	40 366.67
16	青浦宝龙城市广场地块商业办公项目	商办	63 550.00	352 506.00
17	豪车会项目	商办	28 418.70	94 794.60
18	元祖梦世界	商办	43 653.50	148 452.00
19	珠江国际商贸中心中区	商办	39 000.00	233 328.00
20	珠江国际商贸中心东区		53 000.00	240 762.00

数据来源:青浦区商务委员会。

截至 2017 年,青浦区共有特色产业园 20 余家,其中包括了总部试点基地及生产性服务业功能区,表 2.26 为特色产业园区运营情况。

表 2.26　青浦区特色产业园区情况表

序号	园区名称	特色园区类型	总面积/m^2	引进企业/家	企业入住率/%
1	国家会展中心(上海)生产性服务业功能区	生产性服务业功能区	1 470 000.00	120	40.00
2	e通世界商务园	生产性服务业功能区	404 324.99	238	70.00
3	尚之坊时尚文化创意园	四新基地	69 371.91	96	76.30
4	中国北斗产业技术创新西虹桥基地	四新基地	42 000.00	124	90.00

续表

序号	园区名称	特色园区类型	总面积/m^2	引进企业/家	企业入住率/%
5	上海市智能绿色家居产业创新基地（云立方）	四新基地	91 451.52	16	20.0
6	上海市新型检验检测设备与服务产业创新基地	四新基地	52 790.00	7	80.0
7	麦迪睿医械 e 港	四新基地	35 769.78	800	95.0
8	瑞津医疗科技产业园	四新基地	55 000.00	13	25.0
9	上海市新型汽车零部件产业创新基地	四新基地	109 713.90	4	40.0
10	上海移动互联网产业基地	生产性服务业功能区	85 468.64	133	40.0
11	8090 电子商务产业园	青浦区特色产业园	41 363.63	86	99.0
12	中采服务贸易产业园	青浦区特色产业园	23 000.00	9	0.0
13	青龙小镇文创电子商务产业园	青浦区特色产业园	24 116.80	25	62.5
14	微格（上海）物业管理有限公司	商务楼宇	25 775.77	25	95.0
15	上海嘉壹智汇生产性服务业功能区	生产性服务业功能区	93 002.00	25	65.7
16	晨讯智造产业园	四新基地	66 830.00	6	64.8
17	西虹桥同联创新产业园	青浦区特色产业园	79 831.00	16	15.0
18	世界手工艺产业博览园	青浦区特色产业园	71 000.00	7	26.0
19	迪丰国际时尚产业园	青浦区特色产业园	78 852.00	37	91.0
20	华院华东互联网产业园	青浦区特色产业园	22 500.00	13	63.7

数据来源：青浦区商务委员会。

第十六节 奉 贤 区

一、 奉贤区总部经济发展情况及主要举措

（一）总体情况

截至 2017 年底，奉贤区通过市商务委认定的跨国地区总部 8 家，投资总额为 2.59 亿美元，合同外资 2.22 亿美元。主要投资国家和地区涉及日本、德国、中国香港地区等，主要投资行业有各类汽车零部件、机械设备制造销售、食品加工等。2017 年 9 月，奉贤区外资企业地区总部似鸟（中国）投资有限公司和泉膳（中国）投资有限公司参加市政府举办的地区总部授牌仪式（表 2.27）。

表 2.27 奉贤区跨国公司地区总部机构数据表 （单位：万美元）

企业名称	国家或地区	级 别	总部类型	新设还是迁入	投资额	合同外资
马勒技术投资（中国）有限公司	德 国	国家级	投资型	新设	10 631.4	10 631.4
上海黑田管理有限公司	日 本	国家级	管理型	新设	450.0	450.0
格瑞夫（上海）投资管理有限公司	中国香港	国家级	投资型	新设	2 100.0	2 100.0
唐纳森（中国）投资有限公司	中国香港	亚太级	投资型	新设	3 000.0	3 000.0
国誉（上海）企业管理有限公司	日 本	国家级	管理型	新设	280.0	200.0
欧文斯伊利诺斯（上海）管理有限公司	中国香港	国家级	管理型	新设	4 785.0	3 200.0
似鸟（中国）投资有限公司	日 本	国家级	投资型	新设	3 000.0	3 000.0
泉膳（中国）投资有限公司	日 本	亚太级	投资型	新设	3 000.0	3 000.0

数据来源：奉贤区商务委员会。

奉贤区外商企业数量虽多，但是跨国公司地区总部数量与中心城区相比，还是相对较少。2017 年，全区外商投资企业共近 2 000 家，其中跨国公司地区总部仅占一个零头。这两年认定的跨国公司地区总部与前几年相比较，质量有所提升。例如唐纳森（中国）投资有限公司、泉膳（中国）投资有限公司都为亚太区总部。多数管理型地区总部功能作用没有充分发挥，在功能定位上仅体现为财务结算、售后服务、培训服务等这些简单职能，对地方的税收贡献也不大。

目前，奉贤区有一定数量内资企业发挥了总部经济的经营管理职能。如晨光文具、水星家纺等。同时，有相当比例的企业初期由长三角、珠三角迁入的小企业，在奉贤成长壮大而最后形成总部，体现了培育企业的重要性（表 2.28）。

对奉贤贡献大的内外资总部企业有三点共性：一是属于把握转型机遇的传统产业，二是在奉贤进行生产、研发和行政办公的企业，三是皆有较大用地需求。

表 2.28 奉贤区内资总部机构数据表 （单位：亿元）

企业名称	总部类型	投资额	总资产	税收
上海鼎丰酿造食品有限公司	综合型		1.91	0.22
上海纵港新材料科技股份有限公司	营销型	0.36	1.12	0.05
上海邑通道具股份有限公司	研发型总部	0.56	2.91	0.12
上海泛微网络科技股份有限公司	综合型		12.61	0.47
上海雷允上药业有限公司	行政型		15.21	0.86
上海凯宝药业股份有限公司	生产研发型总部	6.99	26.80	3.00
上海水星家用纺织品股份有限公司	综合型	2.67	26.31	1.67
上海艾动实业有限公司	营销型总部	1.00	3.90	0.50
上海创元化妆品有限公司	研发型总部	0.02	5.41	0.06

续表

企业名称	总部类型	投资额	总资产	税收
上海易教信息科技有限公司	行政型总部	2.00	2.78	0.10
上海晨达人力资源股份有限公司	营销型		2.25	0.40
上海雪榕生物科技股份有限公司	综合型	38.36	38.36	0.19
上海海利生物技术股份有限公司	综合型		12.48	0.31
上海莱士血液制品股份有限公司	综合型		124.06	2.44
伽蓝(集团)股份有限公司	综合型		18.54	0.39
上海晨光文具股份有限公司	综合型	3.45	34.13	2.96
上海汇珏网络通信设备有限公司	综合型	0.53	6.52	0.47
上海浦东电线电缆(集团)有限公司	综合型	0.19	7.73	0.08

数据来源:奉贤区商务委员会。

(二)主要举措

1. 加强对跨国公司地区总部的招商和服务

在注重招商的同时,通过吸收兼并、创新业务等方式,利用资本市场,引导外资生产性企业向跨国公司地区总部方向发展。同时引导园区产业向集聚化、专业化和高端化方向发展,在整体上向专业化发展的同时,注重产业园内部产业发展、分工与协助,在此基础上形成以发展总部经济为主的产业园片区。深化“一口办理、集成服务”的理念,为跨国公司地区总部的新设、转型等业务提供良好的服务。

2. 加大政策鼓励跨国公司地区总部在奉贤稳定发展

鼓励出台区级包括资金支持在内的吸引跨国公司地区总部的政策措施,对新引进的地区总部给予开办费、房租补贴等优惠政策。同时,引导外资企业更多投向高技术、高附加值服务业。

二、 奉贤区商务楼宇发展情况及主要举措

(一)整体情况

现纳入统计范围的商务楼宇共有 31 栋(处),总建筑面积达 92 万平方米。其中南桥镇 9 栋、奉城镇、庄行镇、金汇镇、青村镇、四团镇、海湾旅游区、杭州湾开发公司各 1 栋(处),工业综合开发区 4 栋,美谷公司 6 栋(处),新城公司 5 栋。截至 2017 年 12 月 31 日止已用面积为 49 万平方米,使用率达 53.41%。2017 年实现税收 1.47

亿元。

位于市区的商务楼宇有 5 栋加 2 处，总建筑面积约 9.8 万平方米。5 栋分别是南桥镇的东方美谷虹桥中心、奉城镇的恒基旭辉、庄行镇购置的徐汇万科中心二期 T1 商务楼、金汇镇的金台大厦、杭州湾开发公司的卢湾 917；2 处分别是四团镇购买的静安区绿地中央广场 1 号楼 11 层，总建筑面积 2 000 平方米。美谷公司在市中心的均瑶国际广场 15 楼 F1、F2，面积 270 平方米(表 2.29)。

表 2.29　奉贤区部分商务楼宇基本情况

序号	管理单位	楼宇名称	总面积/m²	税收/万元	使用率/%
1	南桥镇	悠口电子商务园	44 678.00	0.59	24.62
2	南桥镇	上海交大科技园南桥园区	9 300.00	125.13	100.00
3	南桥镇	魏晋文化创意产业园	13 400.00	1.82	45.52
4	南桥镇	菱光大厦	28 000.00		82.14
5	南桥镇	森博实业大厦	38 000.00		43.68
6	南桥镇	绿地翡翠国际广场	85 586.00	39.13	62.05
7	南桥镇	亿星大厦	46 846.00		91.46
8	南桥镇	科创基地	21 749.00	161.06	75.68
9	南桥镇	东方美谷虹桥中心	22 989.00	695.14	28.54
10	奉城镇	恒基旭辉	10 785.40		0.00
11	庄行镇	徐汇万科中心	19 227.00		0.00
12	金汇镇	金台大厦	17 251.29	347.81	98.24
13	青村镇	庄氏企业总部	20 000.00	163.03	45.15
14	工业综合开发区	凤创谷	78 004.00	187.48	33.56
15	工业综合开发区	上海芯哲科创中心	35 317.00	61.64	90.36
16	工业综合开发区	丽洲大厦	25 600.00	125.30	80.30
17	工业综合开发区	旭森综合楼	13 087.00		25.21
18	杭州湾开发公司	东方美谷·917	25 859.54		0.00
19	美谷公司	上海科技创业大楼	26 200.00	2 221.25	60.03
20	美谷公司	上海百村二期	72 064.00	658.28	77.17
21	美谷公司	上海百村一期	39 838.00	358.12	96.09
22	美谷公司	上海国际制造服务(上海)科创中心	47 100.00	195.46	20.36
23	美谷公司	南郊聚润广场	25 776.00	2 406.42	95.37
24	美谷公司	均瑶国际	263.00	8.02	100.00
25	新城公司	商务区大厦	12 710.04		53.81
26	新城公司	卓越 11 号楼	21 656.62		90.66
27	新城公司	卓越 3 号楼	12 561.20		94.06
28	新城公司	绿地未来中心 A1 楼	41 510.43		41.19
29	新城公司	中企联合大厦	46 391.79		3.06

数据来源：奉贤区商务委员会。

（二）主要举措

1. 建立镇级楼宇经济管理领导小组，完善工作机制

各镇、开发区（公司）将商务楼宇工作纳入日常管理，建立楼宇经济管理领导小组，明确专门的楼宇服务管理机构，形成有效的工作机制，指导辖区内楼宇的功能定位和管理，重点培育专业特色楼宇，扎扎实实开展商务楼宇招商等系列工作。

2. 建立商务楼宇统计监测体系，全面摸清家底

2017 年在经济普查（楼宇普查）的基础上，联合区招商办召开商务楼宇工作会议，要求各镇、开发区（公司）针对摸底情况进行梳理汇总，形成最终的商务楼宇数据。同时，制定每季度上报表格进行监测，摸清家底。对纳入统计的商务楼宇提出三点要求：一是要具备招商条件，二是要有招商主体，三是要属地政府认可。

3. 实地走访了解商务楼宇情况，完成年度考核

12 月中旬集中对各镇、开发区（公司）进行走访，现场听取对商务楼宇管理、招商等情况的汇报，查看工作台账，了解各镇、开发区（公司）对各楼宇的推进力度与进度，探讨今后商务楼宇的发展及考核办法。

三、 完善商务环境主要工作及举措

（一）政策扶持力度不断提高

2015 年，为更好地适应区内商业服务业的发展需要，服务业领导小组办公室牵头启动区级服务业扶持政策修订工作。综合评估了《奉贤区加快发展现代服务业实施细则（试行）》运行一年以来的实际情况，充分听取了区领导和财政局、发改委、文创办、招商办、旅游局等职能部门的意见，广泛征求了不同类型企业的意见和建议。经过反复修改，2016 年，新修订的《奉贤区加快发展现代服务业实施细则》①由区政府发文实施。《细则》紧密结合该区服务业产业基础和发展水平，从生产性服务业、生活性服务业、楼宇经济和总部经济等 9 大方面对区内重点单位实施扶持，扶持内容更加聚焦、扶持力度更大、操作流程更加规范，有效优化了区内商务发展环境。

（二）重大交通基础设施全力推进

奉贤区在去年的基础上，继续全力推进重大交通基础设施建设，进一步完善区内

① 沪奉府〔2016〕60 号。

交通网络，更好地服务于社会民生改善及商务环境优化。其中，虹梅南路全线贯通至中环，轨交5号线南延伸段列车上线调试，全市首条BRT快速公交奉贤段道路全部建成，闵浦三桥、大叶公路、金海公路等6个“1517”重大项目顺利推进。

（三）政府职能转变力度持续加大

复制上海自贸试验区改革经验，积极推广23项“证照分离”改革，全面推进15项自主改革事项。实施商事制度改革，核发“五证合一”营业执照9.2万余张。深化行政审批制度改革，取消、调整审批事项49项，清理行政审批前置中介服务事项42个。推动审批流程再造优化，在全市率先开展市场准入领域“一窗受理、证照联办”、在建筑工程管理中实施网上并联征询和施工许可不见面审批。

（四）城市核心竞争力稳步提升

2017年发布《上海市奉贤区文化创意产业发展三年行动计划(2017—2019)》。同时，根据上海市《关于加快本市文化创意产业创新发展的若干意见》，即“文创50条”文件精神，制定“奉贤文创50条”，并组建奉贤区文化创意产业服务联盟，有效整合优化各方资源，推动产学研紧密合作，促进文化与相关产业深度融合，提高文化创新能力和产业核心竞争力，形成区域品牌效应。其中，在重点项目打造方面，九棵树(上海)未来艺术中心建设加速推进，建成后将积极导入演出剧场资源，集聚演艺产业，提升地区文化氛围和层次，结合上海之鱼的整体规划，鼓励该区域和东方美谷核心区进行产城融合发展。

（五）人才发展环境不断优化

优化人才发展环境，创新人才政策激励机制，落实有关深化人才吸引与培养工作的体制机制改革，加快培育、整合和集聚创新创业人才，完善人才政策的实施意见及其配套政策，拓宽政策受益面。区公租房运营公司建设持续推进，2015年4月1日，提供浦泾苑一期公租房30套、建筑面积2 371.6平方米，合同期为两年，已续签两年；2016年6月1日，提供浦泾苑二期公租房30套、建筑面积1 772.2平方米，合同期为两年；2017年3月1日，提供浦泾苑四期公租房40套、建筑面积4 239.75平方米，合同期为两年。2015年到2017年间，共提供100套公租房源，建筑面积8 383.55平方米，用于区内人才房房源。

四、 推进楼宇经济发展的对策思考

作为一个复杂的市场经济形态，楼宇经济的推进是一项长期而艰巨的任务，是一项综合性很强的系统工程。现阶段奉贤区准备从以下三个方面加以推进：

（一）构建高效专业的楼宇招商与管理体系

1. 明确商务楼宇属地管理和招商体系

在区级商务楼宇经济管理领导小组基础上，构建商务楼宇的属地管理和招商体系，由镇、开发区主要领导负责，集合招商管理、工商税务、物业管理、安全管理、社会管理等服务体系，为楼宇业主和入驻企业提供全方位及时的管理与商务服务，有效地推进楼宇商业性运作和属地化管理。

2. 打造区级层面楼宇专业招商机制

成立区商务楼宇推进办（专业机构），负责全面打造区楼宇经济品牌，洽谈和跟踪商务楼宇招商项目，为楼宇企业提供指导、协调和综合服务，促进全区楼宇经济招商再上新水平。推进办下设办公室，办公室抽调区发改委、区经委、区规土局、区市场监管局以及新城、老城、生物科技园区、工业综合开发区四个楼宇主要片区的工作人员，进行集中办公制。

（二）推动专业化、产业化招商

1. 搭建区楼宇信息发布平台

区级层面上要牵头推进奉贤区楼宇信息发布平台。平台的功能大致有四项，一是奉贤楼宇形象的展示平台，通过大量的图文信息展示楼宇形象与楼宇特色；二是楼宇数据信息的管理平台，通过对楼宇信息进行系统的分析，及时掌握楼宇经济发展的动向；三是楼宇招商租售信息的对接平台，提供商务楼供需信息的对接；四是楼宇企业的服务平台，为楼宇入驻企业提供相关的政策服务信息。

2. 加强商务楼宇整体宣传整体招商

区级整体招商有待发挥，区级层面需要加大力度，做好合理的整体规划、明确清晰的产业定位，策划好整体宣传并开展强有力的推广活动，变零散招商为整体招商，树立奉贤良好的区域形象，带领奉贤楼宇走出去，吸引国内外的知名企业入驻。

3. 创新楼宇产业化招商多种模式

产业化招商，除了积极鼓励平台招商、中介招商、合作招商、以商引商，激发市场活力之外，政府整体回租商务楼宇打造专业楼宇也是一种有效的途径。前提是找准楼宇产业定位，配套最优惠政策和针对性高端服务，在对项目进行整体评估的基础上，聚焦跨国公司、世界和中国 500 强企业、行业龙头企业和企业研发中心、结算中心、营销中心等高端商户，放大产业集聚效应，以形成长期的盈利能力。

（三）推动精细化服务型管理

1. 楼宇规划与产业定位要综合考虑

规土部门和产业部门要加强协作，土地规划和专业规划需加强衔接，综合考虑未来发展趋势、楼宇经济发展特点和地域基础条件等多种因素，同时兼顾短期利益和长期利益，优化商办用地供应结构，不断完善楼宇的空间布局和功能定位指导。

2. 尽快修订和落实现有楼宇管理和招商办法

尽管前几年区级层面各个部门都在职能范围内对楼宇管理和招商发布过相关管理办法，但要根据市场发展变化和基层反馈情况，进行适时的修订。在扶持政策方面，要根据《奉贤区加快发展现代服务业实施细则》[①]规定，综合考虑楼宇入驻率、属地注册率、属地纳税率以及税收总体规模、单位面积产出等经营指标，落实房租补贴、开办补贴和其他奖励政策。特别加大对符合该区服务业发展功能定位和业态导向的商业用地楼宇的政策扶持力度，积极培育专业特色楼宇。

3. 楼宇服务配套要摆上议事日程

楼宇经济的发展，最终是要取决于地区商务发展综合环境的提升。硬件功能建设上，要切实考虑楼宇需求，考虑楼宇停车、用餐、公共医疗、教育、文体设施等公共基础配套设施建设；而在软环境建设上，政府行政效能的提升，行业指导手段的提升、融资服务力度的加大、人才激励措施的出台，都是影响楼宇经济发展的重要因素，均需要摆上议事日程。

① 沪奉府〔2016〕60 号。

第三章 2017 上海与全国总部经济竞争力评价

上海总部经济发展历经了十多年的时间，无论是发展规模、经营效率、产业特征还是承载能力等方面，相比发展之初出现了翻天覆地的变化。为了量化总部经济发展过程中的变化趋势，本节依然采用了《2017 总部经济及商务布局》中使用的指标体系，分六个方面，分别对上海市总部经济发展的时间趋势与截面特征（与国内其他九个城市的总部经济竞争力进行比较）进行评估，总结上海市在这一年以来总部经济发展的成果、趋势、经验与不足，并根据上海及其他城市总部经济发展的经验与不足，提出上海市接下来提升总部经济竞争力与承载力的政策建议。

第一节 评价指标的选取

在评价总部经济竞争力之前，需要选取适当的评价指标，以更加科学全面地展现总部经济竞争力的变化趋势。为了保证历年评价指数的可比性，我们整体框架依然参考赵弘（2016）总部经济发展能力评价指标，并与《2017 总部经济及商务布局》中的指标保持一致（表 3.1）。同时为了确保数据的可得性，对原先的部分三级指标进行调整，调整的范围不超过 5%，调整的方式主要是调整数据的统计口径，也包括删除个别无法完整收集数据信息的指标。

一、 指标说明、数据来源与描述性统计

本节使用的数据主要分为两个部分，第一部分为上海市 2010—2017 年的各项指标表现，以时间序列的形式呈现；第二部分为全国 10 个总部经济发展良好的城市在

表 3.1 总部经济竞争力评价指标

一级指标	二级指标	编号	三级指标	指标说明
基础条件	经济实力	1	地区生产总值	区域经济发展综合实力
		2	人均地区生产总值	区域经济发展水平
		3	财政收入	政府对区域经济的调控能力
		4	固定资产投资总额	经济发展的资金保障能力
		5	第三产业占 GDP 的比重	经济发展的结构水平
	总部资源	6	国内大型企业总部数	总部存量资源条件
		7	入选世界 500 强企业数	总部存量资源条件
	基础设施	8	机场飞机起降架次	区域对外交通条件
		9	人均城市道路面积	区域内交通条件
		10	居民人均生活用水量	城市生活设施水平
		11	居民人均生活用电量	城市生活设施水平
		12	居民人均生活用气量	城市生活设施水平
		13	每万人拥有排水管道长度	城市生活设施水平
		14	每万人拥有公共厕所	城市生活设施水平
		15	轨道交通客运总量	城市生活设施水平
	社会基础	16	每十万人拥有中、小学教师数	城市基础教育服务水平
		17	每十万人拥有医生数	城市医疗水平
		18	每百万人拥有影剧院数	城市娱乐设施水平
		19	每百人拥有图书馆藏书量	城市文化教育服务水平
		20	城镇人均住房面积	城市住房条件
	人口与就业	21	城镇就业率	城市就业情况
		22	第三产业从业人员比重	城市就业结构
		23	城镇家庭人均消费支出	城市居民消费水平
	环境质量	24	人均绿地面积	城市绿化水平
		25	污水处理率	城市污水处理程度
		26	生活垃圾无害化处理率	城市固体废弃物治理程度
		27	空气质量达到及好于二级的天数	城市空气质量
		28	绿化覆盖率	城市绿化水平
		29	环境投资占 GDP 比重*	城市环境治理总体水平

续表

一级指标	二级指标	编号	三级指标	指标说明
商务设施	商务基本设施	30	办公楼竣工房屋面积	商务办公楼供给水平
		31	商业营业用房竣工房屋面积	商业基础设施条件
		32	星级饭店数量	商务会议等设施条件
		33	年末移动电话用户数	信息化水平
		34	互联网用户数(固定和移动)	信息化水平
研发能力	人才资源	35	研发人员	技术创新的人力资本投入
		36	每万人拥有高等学校在校学生数	研发人才的可供给能力
	研发投入	37	研发经费	研发投入强度
		38	研发经费占地区总产值比重	研发投入总量
	科技成果	39	专利申请授权数量	创新产出水平
		40	技术合同金额*	技术创新活跃程度
服务环境	金融服务	41	年末金融机构贷款余额	金融服务能力
		42	年末金融机构存款余额	金融服务能力
	商业服务	43	商务服务从业人员	金融服务能力
		44	文化传媒业从业人员	文化娱乐服务能力
开放程度	区域服务	45	客运总量	区域间人员联系活跃程度
		46	货运总量	区域间货物流通与市场活跃程度
		47	人均邮电业务收入	区域间信息交流密度
		48	信息服务业营业收入*	区域间信息交流程度
	国际开放	49	进口依存度	进口贸易依赖程度
		50	出口依存度	出口贸易依赖程度
		51	当年实际利用外资额	区域吸引国际投资能力
		52	入境旅游收入	城市的国际知名度

注:其中,标“*”的指标在城市间的比较时不再使用;数据来源将在下一小节进行详细说明。

2017 年各项指标的表现,并以截面数据的形式呈现。除了特殊说明数据来源的指标外,其余指标的数据均来自各地市的统计年鉴①(表 3.2)。

① 各地市统计年鉴都是对上一个统计年度的经济指标进行统计与回顾。因此,2018 年的统计年鉴汇总的数据都是 2017 年的经济状况,与本节分析的时间区间保持一致。

表 3.2 三级指标的描述性统计

序号	三级指标	单位	均值	标准差	最大值	最小值
1	地区生产总值	亿元	23 233.04	4 587.65	30 632.99	17 165.98
2	人均地区生产总值	元	97 420.13	17 416.84	126 634.00	76 074.00
3	财政收入	亿元	4 699.57	1 393.68	6 642.26	2 873.58
4	固定资产投资总额	亿元	5 962.94	779.97	7 246.60	5 067.09
5	地区第三产业产值	亿元	15 003.75	4 081.39	21 191.54	9 784.61
6	国内大型企业总部数	家	28.63	20.36	47.00	0.00
7	入选世界 500 强企业数	家	5.00	3.89	8.00	0.00
8	机场飞机起降架次	架次	654 545.90	83 286.41	760 360.00	551 111.00
9	人均城市道路面积	m^2	14.37	3.54	18.88	11.30
10	居民人均生活用水量	m^3	42.25	0.86	43.42	40.88
11	居民人均生活用电量	kW · h	805.87	83.48	946.07	716.87
12	居民人均生活用气量	m^3	264.29	44.32	319.23	185.26
13	每万人拥有排水管道长度	km	11.34	2.36	14.75	8.13
14	每万人拥有公共厕所	个	4.29	0.11	4.44	4.06
15	轨道交通客运总量	万人次	270 014.10	60 790.41	353 769.00	188 407.00
16	每十万人拥有中、小学教师数	人	565.13	111.15	722.35	434.00
17	每十万人拥有医生数	人	246.54	23.14	282.31	220.00
18	每百万人拥有影剧院数	个	10.51	1.09	12.98	9.64
19	每百人拥有图书馆藏书量	册、件	305.89	10.24	321.42	293.64
20	城镇人均住房面积	m^2	22.15	8.81	36.70	16.70
21	城镇就业率	%	95.86	0.11	96.10	95.80
22	第三产业从业人员比重	%	60.09	5.63	65.54	50.57
23	城镇家庭人均消费支出	元	31 542.13	7 228.07	42 304.00	23 200.00
24	人均绿地面积	m^2	10.45	2.95	13.38	7.30
25	污水处理率	%	88.58	5.16	95.20	81.00
26	生活垃圾无害化处理率	%	93.29	4.94	97.90	84.90
27	空气质量达到及好于二级的天数	天	295.63	37.54	342.01	240.90
28	绿化覆盖率	%	38.49	0.31	39.10	38.20
29	环境投资占 GDP 比重*	%	2.93	0.10	3.10	2.81

续表

序号	三级指标	单位	均值	标准差	最大值	最小值
30	办公楼竣工房屋面积	万 m^2	227.04	96.87	444.83	150.69
31	商业营业用房竣工房屋面积	万 m^2	250.99	70.85	387.73	176.41
32	星级饭店数量	个	256.75	25.92	291.00	219.00
33	年末移动电话用户数	万户	3 024.84	349.25	3 298.71	2 361.55
34	互联网用户数(固定和移动)	万户	3 009.33	726.19	4 249.30	1 900.00
35	研发人员	万人	42.84	5.85	49.88	33.46
36	每万人拥有高等学校在校学生数	人	213.88	4.97	224.00	209.00
37	研发经费	亿元	823.53	239.52	1 205.21	481.70
38	研发经费占地区总产值比重	%	3.49	0.37	3.93	2.81
39	专利申请授权数量	件	149 800.80	30 372.93	204 552.00	119 411.00
40	技术合同金额*	亿元	668.94	124.27	867.53	525.45
41	年末金融机构贷款余额	亿元	48 144.82	11 409.97	67 182.01	34 154.17
42	年末金融机构存款余额	亿元	80 475.48	24 552.99	112 461.70	52 190.04
43	商务服务从业人员	万人	258.01	41.64	311.06	207.94
44	文化传媒业从业人员	人	26.49	2.47	29.88	22.27
45	客运总量	万人	16 750.63	2 817.09	20 855.00	13 456.00
46	货运总量	万吨	90 972.25	4 804.36	97 257.00	81 023.00
47	人均邮电业务收入	元	2 028.28	1 959.80	5 292.78	465.45
48	信息服务业营业收入*	亿元	3 814.99	1 736.47	7 021.29	1 978.51
49	进口依存度	亿美元	2 589.33	553.38	3 647.91	1 880.85
50	出口依存度	亿美元	2 756.75	1 380.70	5 166.76	1 807.84
51	当年实际利用外资额	亿美元	159.79	27.95	185.14	111.21
52	入境旅游收入	亿美元	60.21	5.11	68.10	53.37

注:尾部标“*”的指标在城市间的截面数据中不再使用。

基础条件中,经济实力全部来自各地区的统计年鉴的经济指标;总部资源来源于财富中国网的榜单数据,作者整理了各个地市“世界500强企业数量”与“中国500强企业数量”;基础设施中,“机场飞机起降架次”来自中国民航局的官方网站的统计数据,其余人均指标主要源于各地市的统计年鉴,部分地市公布了人均指标,未公布人均指标的地区,本节使用加总数据除以常住人口数得到相关指标的人均数值；社会基础中的数据来源与数据处理方式相似，其中，“中、小学教师数”是地区中、小学中专职教师数（不包含其他人员），“医生数”是全部医护人员中具有行医执照的人员数量；“人口与就业”中的城镇就业率使用的是城镇登记失业率计算出来的数据；“环境质量”中，“空气质量达到及好于二级的天数”来自“天气后报网站”①，作者收集整理各个城市2017年的空气质量数据，并统计了全年空气质量好于“良”的天数；“商务设施”中，“星级饭店数量”来自2017年四季度的《全国星级饭店统计公报》②，该公报汇报了当期各城市星级饭店存量；“研发能力”中，“专利申请授权数量”是每个城市的专利申请量与专利授权量的加总；“服务环境”中，“商务服务从业人员”主要涵盖的是人员数量包括批发业、零售业、住宿业和餐饮业的从业人员，“文化传媒业从业人员”则代表的是文化、体育和娱乐业的从业人员数量；“开放程度”中，人均邮电业务收入是加总计算人均邮政业务收入与人均电信业务收入得到的。

从数据的来源上看，2017年的统计数据的获取相对比较稳定，与2016年的统计数据可比性较高。表3.2对2010—2017年上海市的52个三级指标进行了描述性统计。其中，均值大小反映了统计变量的平均水平，标准差则代表着每一个统计变量围绕着均值的分散程度，标准差值越大说明统计变量越分散。两个指标共同决定了统计变量的分布状况。一般情况下，若标准差的值大于均值，则部分统计年份的数值可能出现异常，该指标体系中的52个统计指标均未出现上述状况说明本次收集的统计指标并未发现异常状况，数据稳定性较好。

相比于2016年，2017年的统计指标整体表现出上升趋势，其中42个指标出现了不同程度的增长，其中增长最快的是“人均邮电业收入”；其次，有3个指标在两个年度内未发生变化，一是“研发人员”数量，该数字在2017年的统计中缺失。因此，本节继续使用2016年的指标数字。另外两个指标分别为“每万人拥有公共厕所”和“每万人拥有高等学校在校学生数”，无论是高等学校在校生数、公共厕所总量，还是总人口数，都没有发生非常显著的变化。因此，两项指标保持稳定也符合预期；最后，有7个指标出现了不同程度的下降，它们分别是“国内大型企业总部数”“入选世界500强企业数”“每十万人拥有中、小学教师数”“空气质量达到及好于二级的天数”“星级饭店数量”“文化传媒业从业人员”和“当年实际利用外资额”，关于指标下降的原因，将在后文做出详细的说明与分析。

---

① 由于各地市的统计年鉴对于这一指标的汇报标准并不统一。因此，作者通过收集整理第三方网站“天气后报网”，用于获得相关指标的统一数据。网址：http://www.tianqihoubao.com

② 网址：http://zwgk.mct.gov.cn/auto255/201803/t20180319_832378.html?keywords=

由于经济发展的特点不同，地方统计部门在统计环节的侧重点也存在差异，因此，无论是指标名称还是统计口径，不同地区的统计年鉴与统计公报上公开的指标都存在大同小异的情况。例如，上海统计年鉴中公布的指标在其他地市的统计年鉴中并没有汇报。因此，为了增加数据间的可比性，本节在比较城市间总部经济竞争力的部分，剔除了数据缺失较为严重（缺失超过 50%）的三个指标，它们分别是"环境投资占 GDP 比重""技术合同金额"与"信息服务业营业收入"。

第二节　上海总部经济竞争力趋势分析

本节使用的竞争力评价方法依然是层次分析法，通过处理与分析对上海市 8 年来各项指标的变化状况，总结上海总部经济发展的历史脉络，并以全方位的视角（国家经济发展趋势、上海经济发展趋势、国家政策变动、区域政策调整等），对各级指标的变化趋势与动因进行详细的梳理与研判，并在此基础上预测和展望其未来可能的发展趋势。

一、 层次分析法方法简介

层次分析法结合了定性分析与定量分析的优势，是一种综合考察多目标决策的评价方法。该方法的主要思想是通过将综合性的问题客观地分解为若干层次和指标，再按照层次由低到高，分别对层次内部的各个指标间的重要性进行两两比较，构建重要性权重断矩阵，再通过重要性权重矩阵的最大特征值以及对应特征向量，推导出复杂问题的全部指标间的相对重要性权重，为最终的总部经济竞争力评分提供权重依据。在使用层次分析法之前，本节先将总部经济竞争力评分分解为三个层次共 50 余个指标，在计算各指标对应权重之后，汇总得到各年度总部经济竞争力评价得分。

简略的计算方法如下：

第一步，对每个指标的重要程度进行判断（包括所有的一二三级指标），并给出对应的度量矩阵 A_{ij}（该矩阵为对称阵，由于元素间的重要性刚好相反）。判断的依据如下表（表 3.3），为了能使重要性的判断更具客观性、科学性与可比性，本节以 2016 年度的专家打分（比较两两指标间的重要性程度）为基础，对 2010—2017 年间上海总部经济发展竞争力进行评分。

表 3.3 层次分析法的指标判断度量表

a_{ij}的度量①	度量含义
1	元素 i 与元素 j 对上一层次因素的重要性相同
3	元素 i 比元素 j 略重要
5	元素 i 比元素 j 重要
7	元素 i 比元素 j 重要得多
9	元素 i 远远比元素 j 重要
$2n$	$n=1$，2，3，4…元素 i 与元素 j 的重要性介于 $2n-1$ 和 $2n+1$ 之间

第二步，计算矩阵的特征向量和指标权重。在矩阵 A_{ij} 的基础上，对列求和得到横向量 $A_j=\sum_i a_{ij}$，再对每一个元素进行归一化处理，即矩阵 $B_{ij}=\frac{a_{ij}}{A_j}=\frac{a_{ij}}{\sum_i a_{ij}}$，每个对应的元素为 b_{ij}。在此基础上，对每一行进行求和，即得出特征向量。最后，再对特征向量进行归一化处理，即 $W_i=\frac{B_i}{\sum_j \sum_i b_{ij}}$，求得的列向量 W_i 就是对应指标的权重。

第三步，重要性一致性检验。由于我们在判断指标间的重要性时，往往只是在两个指标之间进行比较，但这样极易出现 A 比 B 重要，B 比 C 重要，C 又比 A 重要的循环关系。为了最后的评分具有单向可比性，我们对重要性评价环节增加了一致性检验，检验的主要过程如下：

先计算矩阵的最大特征根：$\lambda_{\max}=\frac{\sum_i (AW)_i}{n}$，即两个矩阵相乘得到一个列向量，然后将列向量的元素求和除以阶数(n)得到最大的特征向量值。再将最大特征向量带入一致性指标(Constant index)公式：$C.I.=\frac{\lambda_{\max}-n}{n-1}$。最后，计算随机一致性比例，计算公式为：$C.R.=\frac{C.I.}{R.I.}$，其中 $C.R.$表示一致性指标，可以通过阶数在量表中查询。如果计算得到的 $C.R.$值小于 0.1，就表示保持显著水平，即第二步求得的指标权重满足一致性假设，可以用于最后的评分计算。

第四步，带入指标求得总部经济竞争力评分。最终的评分公式就是加权平均，即：$Score=\omega_1 x_1+\omega_2 x_2+\omega_3 x_3+\cdots$，这里的指标 x_i 必须先经过无量纲处理以满足数据的可比性，其计算公式为：$x_{i(t)}=\frac{X_{i(t)}-X_{i(t)\min}}{X_{i(t)\max}-X_{i(t)\min}}$，这里的 X 既可以是时间数

① 若重要性相反，则取对应数值的倒数。

据,也可以是截面数据。

上述 4 个步骤是本节采用的层次分析法过程中必不可少的步骤,由于本节的每个层级的重要性判断都通过了一致性检验。因此,我们可以直接进行上海总部经济竞争力评分的发展趋势与特征的量化分析。

二、 上海总部经济竞争力评分趋势图

图 3.1 中显示,从时间趋势上看,上海市的总部经济竞争力评分连续 7 年保持上升态势。以 2010 年为基期,当年的总部经济发展程度相对较低,仅 73.68 分,各项指标在过去的 8 年中普遍处于最低水平(53 个指标中有 37 个指标垫底)。经过了 8 年时间的发展与积累,上海的总部经济竞争力评分上升到了 96.75 分,多项指标相比于 2016 年表现出上升的趋势,这与整体经济形势的良好发展不无关系。

当然,尽管整体趋势是良性增长,但是发展的过程并非一帆风顺,不同时间区间内的评分增长率存在较大的差距。2013 年之前,总部经济竞争力评分的年度增长率相对稳定,均保持在 3%以上,而 2014 年的增长率回落到 1.8%, 2014 年当年的总部经济发展遇到一定的阻碍。但接着,评分增长率重新出现回暖,并在 2016 年达到峰值,约为 6.1%,紧接着 2017 年的评分增长率又重新回到了 3.2%。由此可见,总部经济的发展不可掉以轻心,稍有不慎,发展的速度就会出现下滑,2017 年增速的下降可能就是增速进一步放缓的预兆。因此,政策端应有更详细的应对措施来保障总部经济的稳定健康发展。

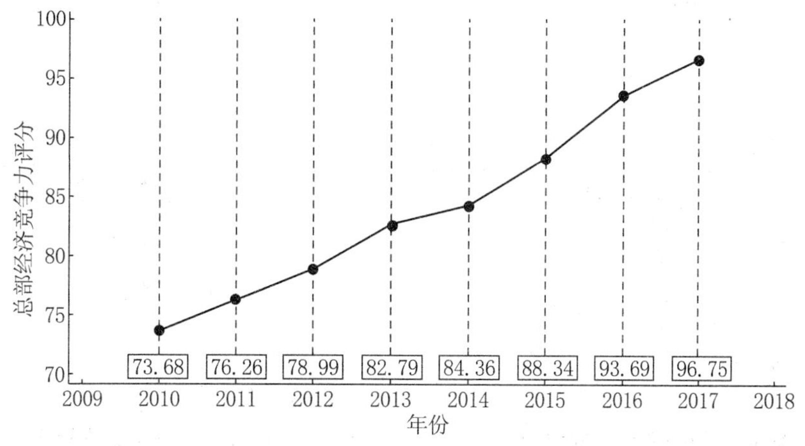

图 3.1　上海市的总部经济竞争力评分变化趋势图

注:该图竖轴为上海市总部经济竞争力年度评分,分数具体数值在横轴对应年份之上,两点之间连线越陡峭,则评分的变化率越高。

三、总部经济竞争力分指标评分

根据层次分析法计算得出的各个指标的评分权重，在一级指标的水平上加总，得到各个指标的年度评分。图 3.2～3.9 将各年度的一级指标评分以雷达图①的形式呈现了出来，图中五个方向分别为“基础条件”得分、“商务设施”得分、“研发能力”得分、“服务环境”得分和“开放程度”得分，评分越高，离雷达图中心的距离越远，五个点围成的面积越大(规则)，总部经济发展的越完善。

整体上看，雷达图围成的五边形面积仍在不断增大，体现出上海总部经济竞争力的不断提升。2017 年总部经济竞争力的五个指标均相比于 2016 年有所改观，而且相比于 8 年前的发展状况则表现出了质的飞跃(除“商务设施外”)，这是不争的事实。但是，各个指标发展差异却十分明显。部分指标历年来均表现出良好的发展态势，而部分指标却一直停滞不前，甚至中途出现一定程度的下滑。是什么原因导致这一现象的发生，值得进一步的分析与思考。为此，我们在雷达图的基础上，将每个指标评分趋势以柱状图的形式呈现出来，并且将其增长率以折线图呈现(图 3.10～3.14)，根据其评分变化趋势，追本溯源从原始数据中寻找导致评分变化的根源，从根源上分析评分变化的动因，进而为总部经济竞争力全方位提升提供可行有效的政策建议，既可以保障强势指标进一步巩固竞争优势，也可以预防个别弱势指标可能出现的衰退。

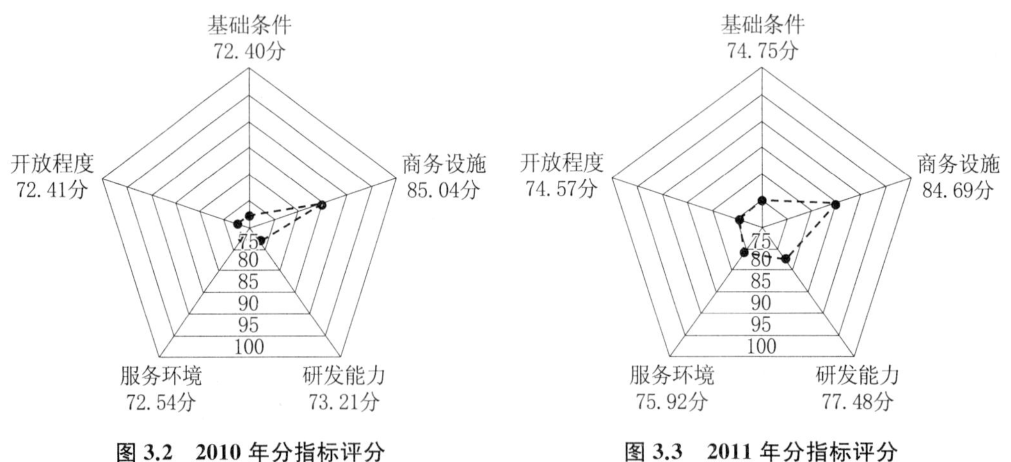

图 3.2 2010 年分指标评分 **图 3.3 2011 年分指标评分**

① 本节使用的雷达图表示总部经济发展综合能力的各一级指标的情况。该雷达图每个方向上的分数位于[70，100]的区间上，分指标分数越高越接近外侧，区间越小，其指标的差异性表现得越明显。

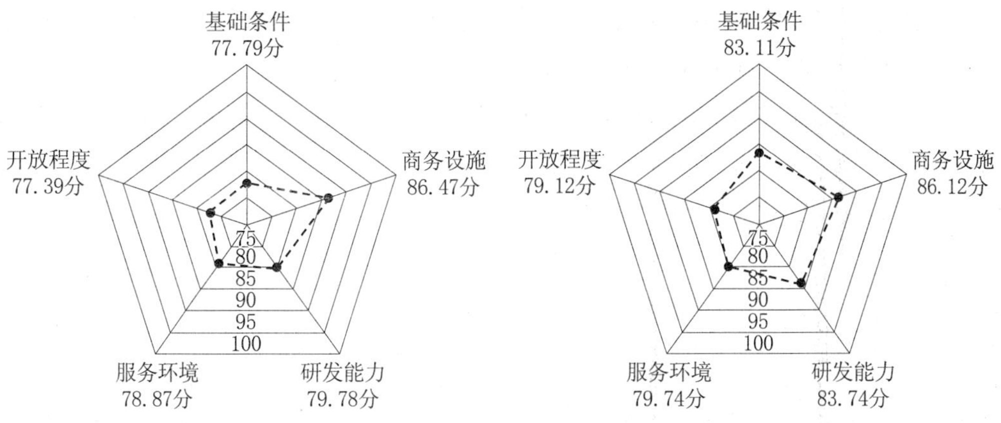

图 3.4　2012 年分指标评分

图 3.5　2013 年分指标评分

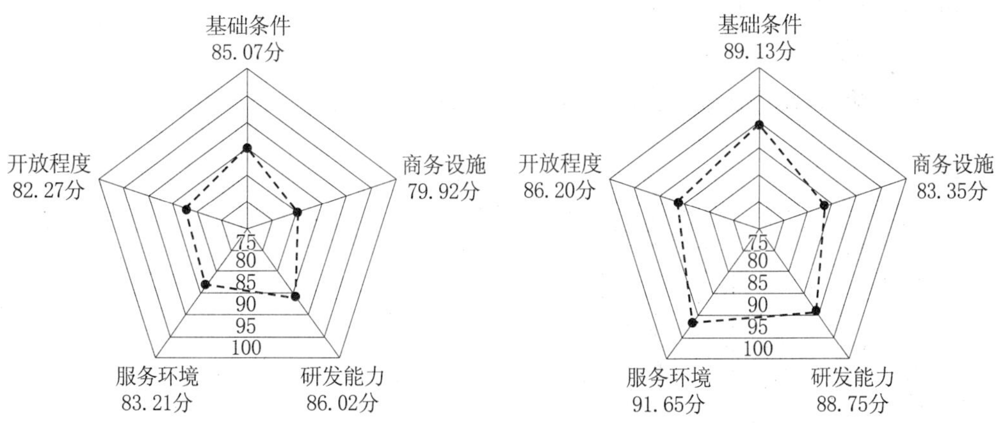

图 3.6　2014 年分指标评分

图 3.7　2015 年分指标评分

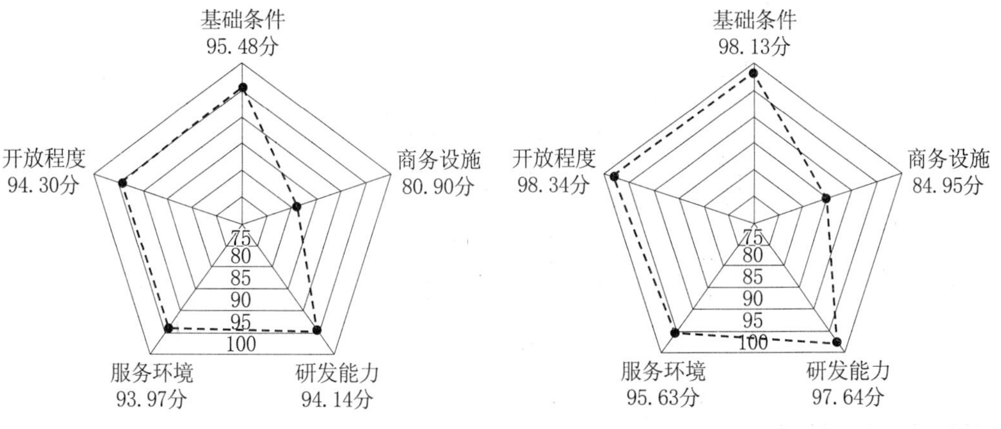

图 3.8　2016 年分指标评分

图 3.9　2017 年分指标评分

通过进一步分析总部经济竞争力评分的分指标评分趋势变化图发现，总部经济竞争力的发展趋势表现出如下几个特征：

其一，基本条件（图 3.10）、研发能力（图 3.12）、服务环境（图 3.13）和开放程度（图 3.14）四个一级指标的水平值在时间区间内一直处于上升趋势，总部经济竞争力在这四个方面一直处于良性发展的过程中。

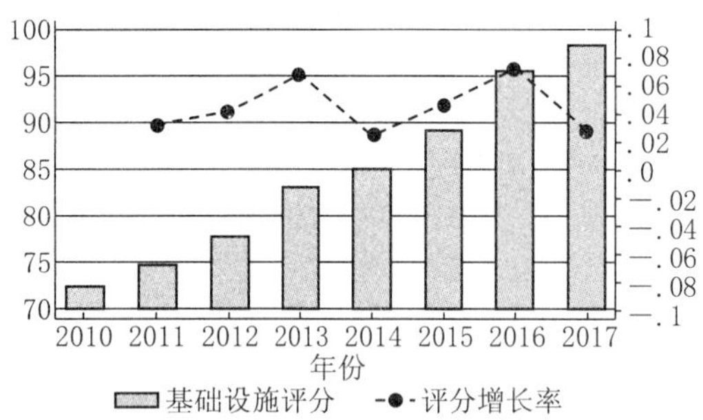

图 3.10 一级指标基础条件评分及变化率①

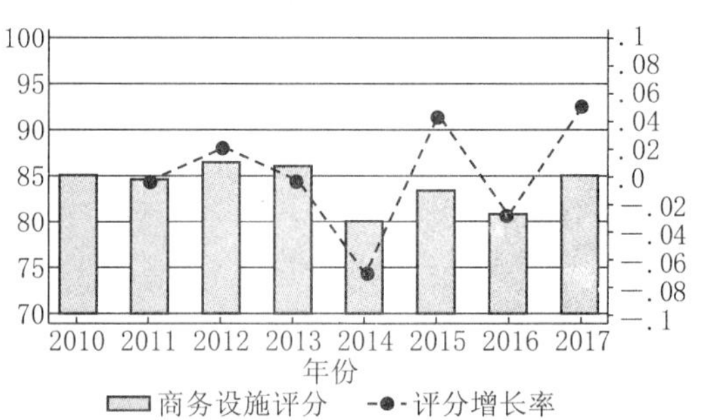

图 3.11 一级指标商务设施评分及变化率②

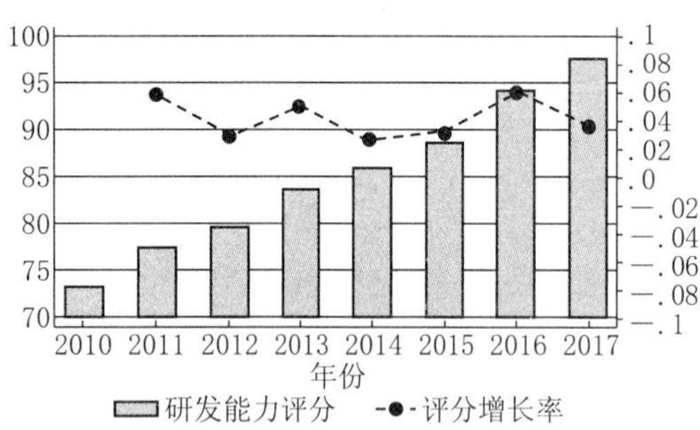

图 3.12 一级指标研发能力评分及变化率③

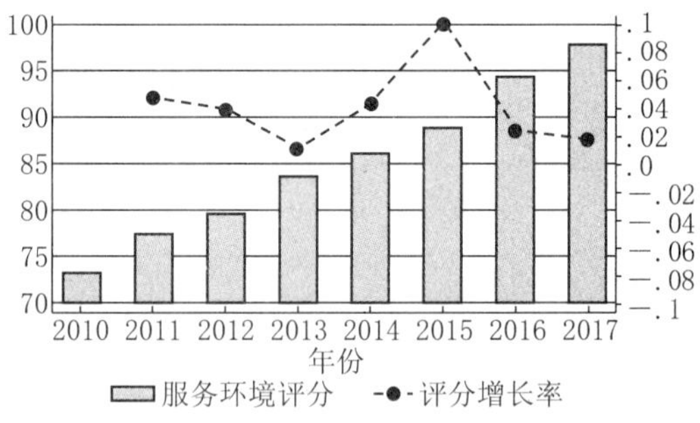

图 3.13 一级指标服务环境评分及变化率④

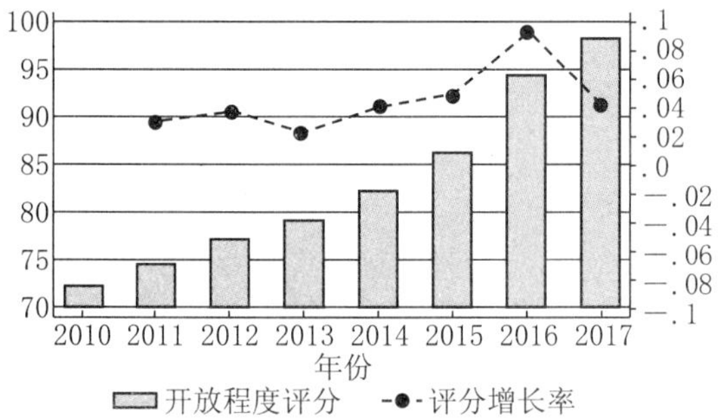

图 3.14 一级指标开放程度评分及变化率⑤

①②③④⑤ 柱状图为各个一级指标的具体评分，以左坐标轴为参考，区间为[70，100]，折线图端点为当期指标评分相比于上一期的增长率，以右坐标轴为参考，区间为[−0.1，+0.1]。

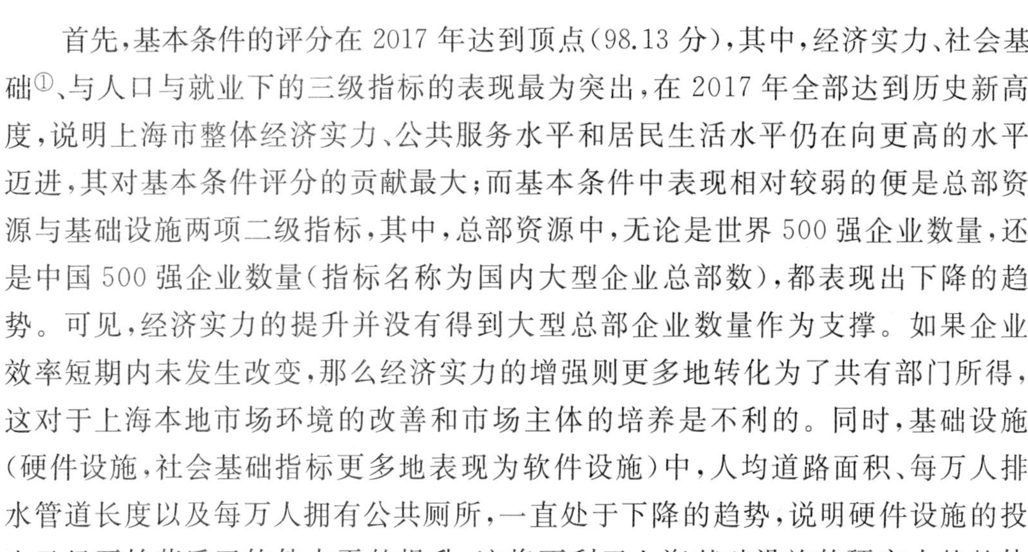

首先，基本条件的评分在 2017 年达到顶点（98.13 分），其中，经济实力、社会基础[1]、与人口与就业下的三级指标的表现最为突出，在 2017 年全部达到历史新高度，说明上海市整体经济实力、公共服务水平和居民生活水平仍在向更高的水平迈进，其对基本条件评分的贡献最大；而基本条件中表现相对较弱的便是总部资源与基础设施两项二级指标，其中，总部资源中，无论是世界 500 强企业数量，还是中国 500 强企业数量（指标名称为国内大型企业总部数），都表现出下降的趋势。可见，经济实力的提升并没有得到大型总部企业数量作为支撑。如果企业效率短期内未发生改变，那么经济实力的增强则更多地转化为了共有部门所得，这对于上海本地市场环境的改善和市场主体的培养是不利的。同时，基础设施（硬件设施，社会基础指标更多地表现为软件设施）中，人均道路面积、每万人排水管道长度以及每万人拥有公共厕所，一直处于下降的趋势，说明硬件设施的投入已经开始落后于软件水平的提升，这将不利于上海基础设施软硬实力的整体提升。

其次，上海的科研基础与研发实力也一直在增强，而且评分增速一直保持在 2%～6%区间，增长速度稳定。其中，研发人员、研发经费、研发经费占地区总产值比重、专利申请授权数量与技术合同金额[2]都相比于 2016 年有不同程度的上升。由此可见，上海对于本市科研能力的关心与研发成果的重视，同时这与上海建设全国科创中心的政策目标相一致，高水平的科研团队与科教实力有助于吸引更多的科创企业（或研发中心）进驻上海。

再次，服务环境一级指标的表现要明显逊于前面的两项指标。其中，商务服务从业人员数量与文化传媒业从业人员数量已经出现多年的下降。服务行业人员的减少一方面可能是整体经济结构的改善使得服务行业人员需求逐渐降低，这对于提升各行业人员的劳动生产率，缓解经济部门间的劳动力扭曲是有利的。但另一方面，这也可能是由于商务设施供给的持续低迷进而抑制了服务环境的进一步提升，如果是这样，优化配置商务设施供给，放松商务服务部门面临的供给约束将有助于本质上提升商务服务的整体水平。因此，在提升与改善服务环境水平之前，需要对上海市商务服务的水平低迷的原因进行更深入的分析。

最后，开放程度一级指标的表现同样值得关注。上海作为我国改革开放的桥头堡和排头兵，其开放水平的表现不仅关系到上海市在国际与区域间的开放程度，更影

---

① 除了“每十万人拥有中、小学教师数”这一指标。

② 仅“每万人拥有高等学校在校学生数”在连年下降，这与上海市人口的激增以及高等学校招生人数常年稳定有关，自然单位人口的在校生人数将会出现下降。

响到国家整体的对外经贸文化往来。从评分上看，上海的对外开放的层次不断提高，对外开放的范围不断扩大，在2017年达到98.34分。上海的出口总额、进口总额与入境旅游外汇收入都创造了历史新高。对内的开放同样举足轻重，客运总量、货运总量、人均邮电业务收入和信息服务业营业收入同样在2016年的基础上更进一步。从评分增速上看，2013年之前，开放程度一级指标的评分增速相对稳定，但是2013年之后增速明显，在2016年达到了9%，这与中国（上海）自贸区的建设关系紧密，自贸区建设加速了上海在对外开放领域前进的步伐，同时以开放促改革，将我国的制度改革与创新推上了新的高度。但是，值得注意的是，开放程度增速在2017年出现了断崖式下跌（尽管整体上依然处于上升趋势），开放程度逐渐放缓，同时，2017年的“当年实际利用外资额”也相比上年出现回落，外国来沪投资的热情出现一定的降温。因此，上海的对外开放领域的不断拓展依然任重而道远。

整体而言，总量指标是向上的趋势，与相应指标在总体评价体系中的权重相关。其中，与经济发展相关的权重相对较大，因此在评分的过程中，该类二级指标评分的上升带动了整体评分的上升。这也符合经济学的客观规律，作为总部集聚的地区，人口增加带动经济总体水平的提升，进一步体现为经济活动密度在区域的集聚。这样一来，社会分工可以更加细化，总部在价值链中扮演的角色就会越来越专业化，盈利水平就会显著提升。当然，其他的人均经济指标有部分也表现出了下行的趋势。这可能是因为人口增加后相关的投入没有跟上，人均水平发生了下降，例如“人均生活用水”和“人均绿地面积”等。但是，这种“拥挤”的负效用在没有达到拐点之前，其负面的作用是有限的。

其二，商务设施（图3.11）的评分则在8年间的表现依然惨淡，在2014年与2016年出现了两次大幅度的下跌，评分增速出现了负增长，而且降幅达到了8%。说明该二级指标的细分要素变化得非常明显，我们需要通过其三级指标的变化来分析其惨淡的原因。2014年，整个商务设施下的6个三级指标中，有3个出现了大幅度下降，这其中包括了办公楼竣工房屋面积、商业营业用房竣工房屋面积和星级饭店数量。除了最后一个指标外，前三个都会对当年的建筑业和酒店市场产生不小的影响，商务可用面积的大幅度缩水导致企业需要为在上海办公支付较高的营业成本。而“星级饭店数量”的下降也影响到酒店业同等条件住房的供给，在上海地区的商务活动的成本也可能有所提升。因此，2014年的“商务设施”的评分出现了大幅度的下降。而2016年，同样有4个指标大幅度下降，其中，办公楼竣工房屋面积和年末移动电话用户数下降的最为明显，尽管年末移动电话用户数对商务服务的影响要远远小于办公楼竣工房屋面积，但是，三级指标的下跌同样拖累了商务设施的评分。

当然，拖累商务设施评分的核心指标为星级饭店数量。2012 年以来，上海市的星级饭店数量连续 5 年出现下跌，且下降的趋势并没有出现缓解。这一定程度上受到我国酒店业整体行情的影响，2012 年以来，我国星级酒店数量不断减少，从 2012 年的 11 687 家星级酒店下降到 2016 年的 9 861 家，一方面，由于国家层面对星级酒店的审查标准越来越规范化，评判标准逐年提升。另一方面也有民宿等类型酒店的兴起使得星级酒店的业务量增速较之前出现大幅度放缓。星级酒店数量减少严重制约了上海商务服务的供给能力。当然，审查标准的提升同样可以提升酒店服务质量进而弥补数量的不足，而且，办公楼竣工房屋面积与商业营业用房竣工房屋面积都在 2017 年达到了顶峰，这是未来商务设施水平提升的基石，2017 年当年商务设施评分增长率也回升到了 5%左右，因而，上海未来商务设施水平提高依然是值得期待的。

其三，虽然 2017 年整体评分在上升，但是增长率都出现了放缓的迹象(除商务设施以外)。基础条件、研发能力和开放程度评分增速都在 2016 年达到顶端，之后增速迅速放缓，而服务环境增速则是连续 2 年出现下降的趋势。所以，上海总部经济竞争力的发展依然不能懈怠，在查不足和补短板的同时，保证其他优势要素依然呈现高质量的发展。

第三节　上海与全国其他城市总部经济竞争力分析

上海市的总体经济竞争力在时间趋势上向好，但相对于其他城市的状况是变好还是变差了呢？这是本节希望阐述的问题。为此，与《2017 上海总部经济及商务布局发展报告》一致，本节收集了 2017 年全国 9 个主要城市的总部经济发展指标。并通过层次分析法，将包含上海市在内的 10 个城市的总部经济竞争力进行评分，并在此基础上比较了主要城市总部经济的发展状况，进而识别出上海在全国总部经济发展中的地位，并考察其具有的优势与不足。

一、 补充说明与描述性统计

在评分之前，本小节需要对评分使用的指标进行详细的补充说明。在上海市总部经济竞争力时间序列样本中，共使用了全部 53 个指标，这得益于上海市完备的统计数据。而其他城市的统计指标并非如此完备，通常会出现缺失，甚至没有统计相关指标。因此，首先需要解决的便是缺失值问题。如果对缺失值处理方法不当，对于城市总部经济竞争力的评价将会出现巨大的偏差，使得城市间评分的比较失去意义。所有方法中，最直接的方法便是删除缺失值对应的指标，仅采用没有缺失值的指标进行评分。但是，本节存在确实样本的指标共有10个，如果全部剔除，那么评分的结果与上海市总部经济时间趋势评价结构差异较大，结果的可比性大大降低。如果某个指标样本缺失过多，该指标便失去了评价的意义。考虑到上述因素，本节对存在缺失值的指标进行了梳理，对于确实非常严重的指标①(缺失值样本占总样本比重超过50%的指标)，我们使用剔除的方式。对于缺失情况并不严重的指标②(缺失值样本占总样本比重未超过50%的指标)，我们将某一城市缺失的指标赋予该其他城市中对应指标出现的最小值，使得对应城市的指标在评分中排名垫底，但是其他未缺失的指标依然可以有效评分。这样一来，可以同时保证指标评分的一致性与有效性。

在此基础上，本节对所有50个指标进行了描述性统计(表3.4)，从一般性统计结果上看。标准差大于均值的三级指标共有9个，远远高于2016年评价结果中的4个③，说明城市间总部经济竞争力的差异越来越明显，某些城市将会在某些指标上表现得更为突出。其中，国内大型企业总部数和入选世界500强企业数指标的差异较大，主要是因为中国大企业的总部通常会向北京和上海两地集聚，这两个城市的政治和经济优势十分明显。而其他城市的企业总部更多是依赖于当地的资源发展起来的，其数量则明显较少。因此，地区间企业总部数量差距很大。这样一来，对总部经济发展对应的办公楼竣工房屋面积和商业营业用房竣工房屋面积在地区之间同样会存在较大差异。而互联网用户数(固定和移动)主要是因为统计口径的差异，有些地区在汇报时并混合固定和移动的互联网用户数，因此数量大，而有些地区仅仅统计了固定互联网用户数，使得数据过小。另外，居民人均生活用气量、进口依存度和出口依存度的差异同样开始出现，前者出现差异可能是因为缺失值的处理使得端点值较多，差异较大，而后者的出现差异的原因可能是由于地区贸易差异扩大引起的。指标差异的扩大对于评分并非不利，有效的差异扩张则有助于提升评分在地区间的可比性。

---

① 包括：环境投资占GDP比重、技术合同金额与信息服务业营业收入三个指标。

② 包括：居民人均生活用气量、每百万人拥有影剧院数、城镇人均住房面积、第三产业从业人员比重、办公楼竣工房屋面积、商业营业用房竣工房屋面积和研发人员。

③ 2016年的四个指标分别是：国内大型企业总部数、入选世界500强企业数、商业营业用房竣工房屋面积和互联网用户数(固定和移动)。

表 3.4　城市间总部经济竞争力评价数据的描述性统计

三级指标	单位	均值	标准差	最大值	最小值
地区生产总值	亿元	18 945.66	6 864.57	30 632.99	11 037.28
人均地区生产总值	元	129 188.70	30 037.81	183 544.00	63 689.00
财政收入	亿元	3 200.82	1 624.84	6 642.26	1 157.24
固定资产投资总额	亿元	8 350.03	3 671.02	17 440.57	5 147.32
第三产业占 GDP 的比重	亿元	12 071.20	5 920.28	22 567.80	6 110.10
国内大型企业总部数	个	23.60	31.38	105.00	2.00
入选世界 500 强企业数	个	7.70	16.11	53.00	0.00
机场飞机起降架次	次	350 675.70	206 564.40	760 360.00	169 585.00
人均城市道路面积	m^2	12.23	5.23	23.75	4.77
居民人均生活用水量	m^3	52.53	25.41	117.17	18.77
居民人均生活用电量	kW·h	913.37	219.09	1 226.22	534.22
居民人均生活用气量	m^3	74.12	89.33	319.23	24.94
每万人拥有排水管道长度	km	10.16	2.50	14.41	6.37
每万人拥有公共厕所	个	1.71	1.14	4.31	0.64
轨道交通客运总量	万人次	151 372.70	137 719.00	377 801.00	6 573.20
每十万人拥有中、小学教师数	人	616.09	139.58	786.39	322.92
每十万人拥有医生数	人	329.31	80.97	487.09	222.49
每百万人拥有影剧院数	个	11.63	5.52	19.95	5.60
每百人拥有图书馆藏书量	册、件	192.67	100.10	325.26	54.36
城镇人均住房面积	m^2	30.46	7.57	36.70	19.70
城镇就业率	%	97.37	0.85	98.57	96.10
第三产业从业人员比重	%	56.42	10.98	80.60	45.30
城镇家庭人均消费支出	元	34 040.81	6 230.50	42 304.00	22 759.00
人均绿地面积	m^2	15.36	4.03	22.95	8.10
污水处理率	%	95.32	1.85	98.60	92.40
生活垃圾无害化处理率	%	99.01	1.62	100.00	95.90
空气质量达到及好于二级的天数	天	268.98	40.85	343.00	209.00
绿化覆盖率	%	41.56	3.62	48.40	36.30
办公楼竣工房屋面积	万 m^2	180.22	228.70	680.68	18.65

续表

三级指标	单位	均值	标准差	最大值	最小值
商业营业用房竣工房屋面积	万 m^2	261.27	310.65	1 003.01	31.96
星级饭店数量	个	166.00	134.35	521.00	73.00
年末移动电话用户数	万户	2 340.89	973.76	3 752.10	1 124.42
互联网用户数(固定和移动)	万户	900.12	1 195.20	4 249.30	339.30
研发人员	万人	16.14	16.47	49.88	0.60
每万人拥有高等学校在校学生数	人	492.87	354.64	1 230.78	77.19
研发经费	亿元	543.45	507.12	1 579.70	30.97
研发经费占地区总产值比重	%	2.48	1.67	5.78	0.28
专利申请授权数量	件	75 814.06	97 238.01	271 353.00	2.84
年末金融机构贷款余额	亿元	36 001.83	18 415.28	69 556.20	13 265.00
年末金融机构存款余额	亿元	54 023.86	42 050.14	144 086.00	14 388.00
商务服务从业人员	万人	117.67	98.67	294.28	20.04
文化传媒业从业人员	人	7.29	7.07	22.27	1.90
客运总量	万人	31 725.67	20 635.14	67 420.00	10 249.10
货运总量	万吨	60 255.84	36 909.41	120 737.00	23 879.00
人均邮电业务收入	元	4 698.01	3 176.78	13 134.66	2 313.48
进口依存度	亿美元	1 150.50	1 159.39	3 647.91	240.05
出口依存度	亿美元	1 285.94	1 497.00	5 166.76	344.15
当年实际利用外资额	亿美元	103.48	60.64	243.30	36.73

注:数据源于 2018 年各地市城市统计年鉴与统计公报。

二、 城市总部经济竞争力评分及排名

图 3.15 显示,与 2016 年的评分结果相似,城市间的总部经济竞争力评分依然分为三个梯队,其中,北京上海总评分高于 90 分,列为第一梯队,深圳和广州在 80～90 分之间,位列第二梯队,剩余的城市评分都低于 80 分,属于第三梯队。从评分上看,梯队之间的差异明显,北京上海与广州深圳之间的评分差距平均为 9 分,同样,第二梯队与第三梯队之间的评分差异。然而,在每个梯队内部,竞争力评分的差距非常小,组内分差通常在 3 分以内。因此,每一级指标权重的微小的变动都有可能改变每个梯队内部城市竞争力的排名,为了排除权重变动对评分差异的影响,本节使用了与

2016年度完全相同的权重，这样一来，两年之间同一个城市的评分便可以比较了。当然，如果没有总部经济整体实力的大幅度变化，每个梯队中的城市排名很难在梯队间流动。所以，我们更关心城市评分在时间趋势上与其在梯队内部排名变化的情况。

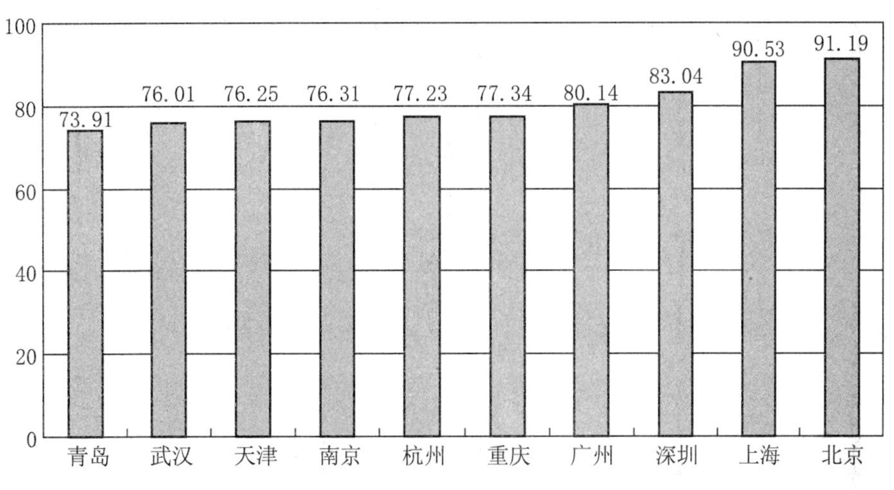

图3.15 城市总部经济竞争力评分

三、 基础条件得分与其分项指标分析

经济规模、基础设施与社会基础状况是企业选址，尤其是总部型企业选址的重要参考因素。因此，在城市间总部竞争力评价体系中，(经济)基础条件所占比重高达50%，基础条件评分的高低在一定程度上决定了该城市总部经济竞争力的强弱。除此之外，总部资源、人口与就业和环境质量等因素评价了当地总部经济发展的结果与未来总部承载潜力，直接决定了总部进驻后的可持续发展能力。因此，这三项指标在基础条件的评价中也起到了非常重要的作用。

评分结果显示(表3.5)，经济基础条件中，北京以92.27分高居榜首，高于上海的89.73分。深圳、广州分列三四位。其中，北京在总部资源和人口与就业两个指标上得分最高。北京的总部资源在国内首屈一指，无论是世界500强企业数量，还是中国500强企业数量，都是全国最多，而且规模和盈利水平也是国内之最。而其他城市的总部资源则无法与之相比，即使是排位第二的上海，其总部资源也与北京相差一大截。其次，北京的人口与就业指标依然十分强劲，究其原因是其城镇就业率和第三产业从业人员比重指标在国内领先，这与当地的市场环境密切相关，第三产业(服务业)规模直接影响到当地总部企业的服务效率。

表3.5 10个主要城市基础条件及其分项指标得分与排名

城市	基础条件		分项指标											
			经济实力		总部资源		基础设施		社会基础		人口与就业		环境质量	
	得分	排名	得分	排名	得分	排名	得分	排名	得分	排名	得分	排名	得分	排名
北京	92.27	1	92.06	2	100.00	1	89.78	2	93.70	2	95.26	1	77.28	9
上海	89.73	2	92.83	1	76.10	2	94.56	1	94.16	1	93.48	2	78.51	8
深圳	84.42	3	89.22	3	74.79	3	82.00	4	86.53	5	89.55	4	87.76	1
广州	83.89	4	86.54	4	72.00	5	88.86	3	80.89	9	92.47	3	81.25	5
南京	79.16	5	78.44	7	71.15	6	78.56	5	91.04	3	81.09	7	82.12	3
杭州	78.83	6	78.83	6	72.29	4	75.84	7	88.82	4	89.41	5	81.57	4
武汉	77.62	7	78.04	8	70.79	7	76.54	6	86.53	6	78.95	8	79.84	7
重庆	76.38	8	77.25	9	70.36	10	75.34	8	83.28	8	70.67	10	83.06	2
天津	76.21	9	81.33	5	70.50	8	74.05	9	76.03	10	81.20	6	70.56	10
青岛	75.32	10	75.35	10	70.42	9	72.49	10	83.83	7	78.60	9	81.06	6

数据来源:作者计算得出。

与之形成鲜明对比的是,上海在经济实力、基础设施与社会基础三个指标上具有一定的优势。上海虽然人均产出并不是最高,但是总产出却是最高,这也意味着总部经济在上海更有发展潜力。而且,其基础设施与社会基础指标的领先,意味着上海在基础设施投入的软硬件方面都优于其他城市,如医疗(每十万人拥有医生数)、教育(每十万人拥有中、小学教师数)和文化(每百人拥有图书馆藏书量)、交通(机场飞机起降架次)等,不论在质量还是人均数量上都远远优于其他城市,当然这也一定程度上拉高了当地的生活成本。

与上一年度的总部经济竞争力评分相比,北京与上海的基础条件差异相比于2016年的评分差距进一步缩小(从2016年的相差4.02缩小至2017的2.52分),相比较而言,上海在时间趋势上保持着追赶的态势。这一态势的出现,得益于社会基础评分的显著提升,2016年,北京比上海高出2.18分,到了2017年,上海比北京高出0.46分,实现了反超,缩小了北京上海之间在基础条件评分上的差异。另外,深圳在2017年也完成了对广州的超越,其基础条件评分从2016年的83.97分上升到2017年的84.42分,而广州的基础条件并未出现较大的改观。最后,第三批次城市的基础条件评分在2017年间未出现较大的改观,6个城市间的相对次序亦与2016年保持一致,

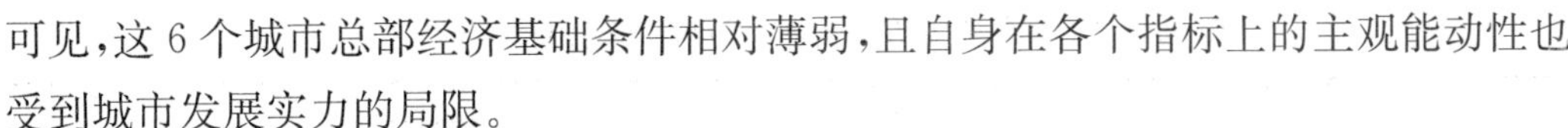

可见，这 6 个城市总部经济基础条件相对薄弱，且自身在各个指标上的主观能动性也受到城市发展实力的局限。

值得注意的是，北京上海的环境质量评分仍未出现显著的改观，而且相比于 2016 年的排名还出现了下降，这严重影响了总部经济的可持续绿色发展。例如，上海市的人均绿地面积与北京市的污水处理率和空气质量达到及好于二级的天数都在 10 个城市中排名垫底，尽管可能存在统计误差，但是，其评分如此靠后，说明北京上海在环保领域的投入不足。即使环境质量在总体的评分中的权重并不是很高，但是当企业考虑自身长期的发展目标时，影响到员工、消费者以及社会各界人士的环境质量将成为其考察的关键因素。因此，大城市发展总部经济，环境质量与人均环境投入同样不可懈怠。

四、 商务设施得分与细分指标分析

商务设施这个一级指标的构成相对简单，由商务基础设施和信息基础设施两部分组成。相比于信息基础设施，商务基础设施的重要性则更高，但是这并不影响二者在商务服务过程中发挥的作用，商务基础设施有助于当地企业实际参与商务往来和国际交流，在空间内部更好地服务本地总部，如举办高级别商务会议，吸收和借鉴先进的商务理念，进一步提升本地企业的国际影响力和知名度。

本年度的商务设施评分见表 3.6，北京、上海依然处于前两位，且北京、上海分别在商务基础设施和信息基础设施中拔得头筹，其基础设施的优势依然十分明显。相比于 2016 年的商务设施评分可以发现，上海的商务设施整体排名没有较大的变化，其信息基础设施较优于其商务基础设施。然而，北京尽管商务设施一级指标仍然遥遥领先，但是其与二三位城市（上海与重庆）的差距正在逐渐缩小。而且重庆作为第三梯队中的城市，其商务基础设施的投入已经超过广州深圳，位列第二位，而且其信息基础设施二级指标的排名相比于 2016 年也上升了一个排名，超过了北京。从商务设施三级指标的表现中看，重庆市商务水平提升也是有据可循的。2017 年，重庆市的办公楼竣工房屋面积和商业营业用房竣工房屋面积总量排在 10 个城市之首，不仅如此，两项指标还相比于 2016 年分别增加 20.19％和 6.61％。与此形成鲜明对比的是，北京市的上述两项指标在 2017 年反而出现了下降，分别减少 6.55％和 29.14％。当然，北京的优势指标是星级饭店数量，这与北京高水平的星级饭店服务软实力紧密挂钩，但是，如果竣工的办公和商务楼宇不断减少，那么北京的商务设施供给将会受到局限，对其星级饭店数量的进一步提升产生影响。

表 3.6 10个主要城市商务设施及其分项指标得分与排名

城市	商务设施		分项指标			
			商务基本设施		信息基础设施	
	得分	排名	得分	排名	得分	排名
北京	91.12	1	94.24	1	81.75	3
上海	86.46	2	82.39	3	98.65	1
重庆	85.05	3	85.92	2	82.46	2
广州	74.90	4	73.65	4	78.66	4
深圳	72.99	5	71.54	8	77.32	5
杭州	72.95	6	72.80	5	73.39	6
天津	72.23	7	72.19	7	72.34	8
青岛	72.07	8	72.54	6	70.64	10
武汉	70.88	9	70.39	9	72.36	7
南京	70.49	10	70.37	10	70.86	9

资料来源:作者计算得出。

与北京和重庆不同的是,上海的优势则体现在信息基础设施中,以98.65分高居榜首,相比于2016年有所上升,比第二名的重庆高出16.2分,其中最明显的优势则体现在互联网用户数①这个三级指标中,这两项指标表现出上海与国内国外信息交流的密集与频繁程度,为总部在国际与地区的信息传递提供了硬件基础。

五、研发能力得分与细分指标分析

研发能力是城市现有科研成果与未来科创能力的具体体现,主要由人才资源、研发投入和科技成果分项指标组成(表3.7)。其中,前两项指标更为重要,相比于科技成果,人才资源和研发投入的多寡虽然是当下的投入,但带来的是未来的科技产出,只有源源不断地带来科技创新成果,这才能满足科创性总部的研发需求。

研发能力指标评分显示,北京以94.26分排名榜首,上海和深圳分别以91.30分和83.896分分列二三位。其中,北京的研发投入与科技成果三级指标位列第一,可见其当期的研发成果与未来的研发能力都位于10个城市之首,明显高于第二位的城市。不仅如此,其人才资源相比于2016年也出现了很大的改观,与上海的差距从

① 上海市的国际互联网用户数包含了国内互联网用户数量与国际互联网用户数量,而其他城市的统计指标大多数是以国内互联网用户数为主。因此,该指标的评价中测量误差的影响也相对较大。

2016年的10.86分缩小到2017年的4.28分。其中,研发人员数量相比于2016年增长了6.38%,而上海该指标并未有大幅度增长。可见北京在人才资源的储备上也做足了功课。

与北京相比,上海2017年的研发能力(包括各项三级指标)变化较小。从三级指标上看,上海的研发投入出现了些许的改变。尽管北京2016年的研发投入比上海高出41.4%,但是,上海的研发投入在2017年增长了14.86%,相比于北京的6.41%高出8.45个百分点,与之对应的,上海的研发经费占总产出的比重也出现了一定程度的上升,单就研发投入来看,上海的研发资金投入在过去的1年中成绩显著。综合研发投入与人才资源两项指标来看,增加研发资金投入与保持人才资源的稳定,其对地区研发能力的影响会更多地体现在研发效率上,单位科研人员可以分享更多的科研基金,进而提升其科研产出水平。但是,每万人拥有的高校在校生人数同样代表着全社会科研水平的基础。因此,对于在校大学生的数量与质量的提升,依然不可懈怠。

表3.7 10个主要城市研发能力及其分项指标得分与排名

城市	研发能力		分项指标					
			人才资源		研发投入		科技成果	
	得分	排名	得分	排名	得分	排名	得分	排名
北京	94.26	1	89.10	2	100.00	1	92.50	1
上海	91.30	2	93.38	1	91.33	2	84.98	3
深圳	83.89	3	78.25	5	87.28	3	90.67	2
天津	79.38	4	78.93	3	80.12	5	78.53	5
杭州	78.69	5	76.38	9	81.37	4	77.62	6
广州	77.45	6	78.48	4	74.64	7	82.77	4
重庆	77.09	7	76.95	7	77.57	6	76.04	8
南京	75.88	8	77.50	6	73.99	8	76.73	7
武汉	74.91	9	76.71	8	73.42	9	73.99	9
青岛	70.99	10	72.30	10	70.00	10	70.00	10

数据来源:作者计算得出。

六、服务环境得分与细分指标分析

服务环境评分包括金融服务和商务服务两个二级分项指标,二者主要体现地区商务服务的能力。其中,金融服务主要衡量地区满足企业融资需求的能力,对于企业财务状况能够起到一定的帮助,而商务服务主要衡量的是地区对于企业经营过程中所能提供的服务多少。二者对于总部企业的管理和经营都十分重要。

评分中(表 3.8),上海以 96.78 分排名第一,仅高出北京 0.29 分,两个城市的差距同样在缩小。其中,金融服务指标上,北京的能力相对较高,这主要体现在年末金融机构存款余额上,北京的存款余额远远高于上海,年末金融机构贷款余额与上海相当,说明二者的资金融通的需求接近,但是北京资金融通的能力更强,潜力更大。另外,在商务服务指标上,上海的指数要略高于北京,这得益于上海在批发与零售、住宿与餐饮、文化机构等行业中,配置的劳动力更加密集,一方面说明上海能够为当地的总部企业提供高质量多类别的商务服务,同时也反映出上海和长三角地区对于该类服务的需求十分旺盛,以至于区域市场配置如此庞大的供给来平衡这一需求。对于总部企业的发展,后者的作用将会更加明显,因为总部企业更多的是享受当地的商务服务的供给能力,而资金融通的需求可以通过总部公司对应生产部门的地区来满足(生产环节的资金需求要大于管理环节),因此,后者对于总部经济发展的边际影响会更大。

表 3.8 10 个主要城市研发能力及其分项指标得分与排名

城市	服务环境		分项指标			
			金融服务		商务服务	
	得分	排名	得分	排名	得分	排名
上海	96.78	1	95.71	2	100.00	1
北京	96.49	2	100.00	1	85.96	2
深圳	82.83	3	82.70	3	83.23	3
重庆	78.11	4	76.40	6	83.22	4
广州	77.93	5	79.84	4	72.19	6
天津	77.77	6	76.12	7	82.73	5
杭州	75.49	7	76.82	5	71.49	9
南京	73.77	8	74.81	8	70.62	10
武汉	73.43	9	74.02	9	71.65	8
青岛	70.49	10	70.00	10	71.95	7

数据来源:作者计算得出。

除了北京上海以外,评分和排序(评分增加了 0.24 分,排序前进了 2 位)变化最大的城市为重庆,重庆服务环境的提升主要得益于其自身水平的快速提升,其四个三级指标均有不同程度的上升,而且增速明显高于广州和天津(2015 年服务环境评分优于天津),而且广州的商务服务从业人员数量与文化传媒业从业人员数量在 2017 年时出现了一定程度的下降,不同城市对应指标一正一负的变化使得重庆的服务在短期内出现了较大幅度的提升。

七、 开放程度得分与细分指标分析

本节的开放程度在一级指标中的重要性仅次于基础条件，一方面，其评价的三级指标数量仅次于基础条件，另一方面，开放程度直接决定了地区经济与国际环境交流的紧密程度。本节的开放程度指标由区域开放和国际开放两个部分组成。其中，区域开放代表了城市与国内其他城市和地区经济活动的紧密程度；而国际开放则反映了地区在国际经济活动中的参与程度。二者的评分越高，说明该城市与在区域内与国际间的活动更加密集，参与国际经济活动的企业则更愿意将企业总部落户到这些地区。

从评分的结果上看(表 3.9)，上海以 91.55 分排名榜首，其综合开放水平国内最高，远高于排在第二位的北京。分项指标分析发现，上海与北京的分指标之间的特点与差异也是十分明显。从区域开放指标上看，上海与北京的区域开放水平相对较弱，弱于深圳与广州，症结在于北京与上海的货运总量和人均邮电业收入要低于广州和深圳，可见，珠三角地区的货物往来、要素流动和信息传递要比长三角与京津冀地区更加密集。不仅如此，北京的区域开放评分要低于 2016 年的评分，而上海的评分则有所提升而且其排名上升到了第五位。

表 3.9 10 个主要城市开放程度及其分项指标得分与排名

城市	开放程度		分项指标			
			区域开放		国际开放	
	得分	排名	得分	排名	得分	排名
上海	91.55	1	77.97	5	96.08	1
北京	84.54	2	79.30	3	86.28	2
深圳	82.60	3	86.88	1	81.17	3
广州	77.62	4	81.77	2	76.24	6
青岛	76.29	5	72.06	9	77.70	4
武汉	75.71	6	74.04	7	76.27	5
重庆	75.46	7	78.89	4	74.32	8
天津	75.14	8	72.40	8	76.05	7
杭州	74.07	9	75.50	6	73.59	9
南京	70.43	10	71.62	10	70.03	10

数据来源：作者计算得出。

开放程度中，最重要的指标则是国际开放程度。上海作为我国对外开放的窗口，其国际开放程度历年中都是排名第一，其进口依存度和出口依存度与旅游外汇收入都在国内处于领先地位，远远领先于排名第二的北京。说明上海的优势更多地体现在国际化交往中，其国际地位与作用要远高于其在区域内的作用。深圳同样作为我国对外开放的窗口，其开放的程度要远远低于上海，而且在 2017 年评分被北京超越。因此，上海持续拥有的开放程度与国际化视野，是每一个跨国公司都非常青睐的优势。

八、 上海发展总部经济的优势与不足

本节基于之前总部经济竞争力评价的结果，对所有二级指标评分进行协调性分析（表 3.10），通过比较各个城市一级指标与二级指标的评分差异，来甄别一级指标与二级指标评分的平稳性与一致性，若一致性水平较高，说明指标体系的构建相对合理，评价结果的可信度高。另外，表 3.10 还增加了一项协调性指标的标准差检验，标准差的值越小，说明各个二级指标与一级指标之间的差异越小，二者的一致性越明显。

表 3.10 分项指标评分的协调性分析①

城　市	经济实力	商务设施	研发能力	服务环境	开放程度
北　京	0	0	0	−1	−1
上　海	0	0	0	1	1
深　圳	0	−2	0	0	0
广　州	0	0	−2	−1	0
重　庆	3	−2	0	0	−2
杭　州	−1	−1	0	−2	−4
天　津	2	0	0	0	3
南　京	−2	3	−1	2	−1
武　汉	−2	0	3	1	−1
青　岛	0	2	0	0	5
标准差	1.56	1.56	1.25	1.15	2.54

数据来源：作者计算得出。

① 若计算结果大于 0，说明该分项指标的评分排名优于总体指标的评分排名，反之，则劣于总体排名。

与2016年相比，本年度的评价结果相对稳定，北上广深四个城市的总部经济竞争力一级指标的评分结果与二级指标的评分结果基本一致。说明对于排名靠前的城市来说，该指标体系在一致性与区分度的表现上相对较好。而对于第三梯队的城市来说，无论是一致性还是平稳性都相对较弱，例如杭州和青岛的开放度评价的协调性评分的绝对值已经超过了4。

相比较而言，北京和上海前三个协调性评分都是0，说明其总体的竞争力评分和分指标评分的排名是一致的。区别在于后两个评分，北京的"服务环境"和"开放程度"的协调性评分小于0，说明这两个指标的排名低于其总体竞争力的排名，北京的服务环境与开放程度还需进一步提升。上海则恰恰相反，这两个指标的排名高于其总体竞争力的排名，说明上海的服务环境和开放程度相对于其他指标来说在国内领先。这一现象并不违背APH层次分析法的初衷，其综合竞争力排名取决于权重较大的指标排名。因此，指标排名与总体竞争力排名的相关性会随着其权重的下降而变得越来越小。另外，通过比较2016年与2017年的协调性指标的标准差系数，发现2017年的前三项标准差系数明显降低，而后两者的系数出现一定的上升，说明指标间的协调性差异正在降低，指评分变化逐渐平稳。

基于上述分析结果，本节对如何提升上海的总部经济发展提出一定的看法与建议：

1. 总部资源缺乏对于上海并非劣势

与2016年相似，上海市的世界500强企业与中国500强企业的数量远远少于北京，总部资源相对北京十分匮乏，总部经济的发展看似困难重重。实则不然，从经济实力这一指标上看，北京与上海的发展十分接近，无论是地区总产值还是人均地区总产值，都不相上下。而北京的总部资源如此丰富，说明其总部在经济活动中的重要性十分突出，加之我国的大型(总部)企业多数为国有企业，政治经济色彩浓重，说明北京的经济产出多为国有企业和公有部门，而私有部门的市场化产出则相对较少。而上海恰恰与之相反，相同规模的经济体量中，大型国有企业(总部)数量却十分有限，说明上海的经济发展过程中，公有部门的作用相对较小，私有部门的市场化产出占比较大。这对于培养本地总部企业提供了稳定和谐的市场环境，上海未来的总部资源将在市场竞争的过程中逐渐积累起来。

2. 商务基础设施增量仍需进一步加强

相比于2015年，上海的"商务设施"排名之所以没有出现较大的改观，主要原因是"办公楼竣工房屋面积"和"商业营业用房竣工房屋面积"两项指标落后于北京，这既和整体的经济环境有关(其他城市也出现不同程度的下降)，也和地方政府的土地政策目标有关。上海可以在整体政策目标不冲突的前提下，在保证市场稳定的基础上，稳定办公楼和商业营业用房的供给，这是地方总部经济与商务服务质量稳定的基础。

3. 上海企业创新引领能力还有待进一步加强

2017 年上海的科研成果指标远远低于北京和深圳，产出水平相比上一年度进一步下降，科研成果转化率一直是上海总部经济面临的问题。不仅如此，其他数据也显示，上海全社会研发经费投入中企业投入占比 62.0%，低于全国平均水平 78.5%。上海地区高校与科研机构使用的研发资金中，147.86 亿元来自企业，相比上年减少 6.18 亿元。较低的当期研发投入必然预示着未来科研产出的下降，所以如何将研发投入和人才资源转换成科研成果，一直是上海发展总部经济需要克服的问题。

第四章　自贸区与上海总部企业发展

自由贸易试验区不是传统意义开发区、经济特区的升级版，也不是海关特殊监管区或保税区的升级版，而是集金融、投资、贸易、科创等领域的开放与创新于一体的综合改革区，是全面对标国际通行准则、全面检验综合监管能力的压力测试区，是全面提升治理能力、彻底改变行政理念、大幅提高行政效率的政府再造区（张湧，2016；蒋媛媛，2017）。中国自贸试验区的发展重心则发生了显著变化，试验区发展目标从传统的招商引资转向制度创新，实现手段则采用创新的制度高地取代了传统的税收洼地，市场机制则以公平准入替代无序竞争。上海自贸试验区的设立和扩区的意义，超越了其物理形态和经济总量本身的变化，制度层面的创新和制度环境的供给是自贸试验区建设的核心作用。

对上海自贸试验区来说，优化营商环境，强调的是软环境、制度环境的建设才是自贸区建设的初衷。上海自贸试验区在营商环境的建设过程中凸显市场化，厘清政府与市场的边界，管住有形之手、激活无形之手，并以此为契机，进一步促进营商环境的法治化、国际化、便利化（郑慧强，2014）。

第一节　上海自贸试验区发展现状

2017 全年，上海自贸试验区新增实到外资 60 亿美元，同比增长 6.3％，占全市实到外资的比重升至 35.3％，助推浦东新区实到外资达到 78.26 亿美元，占全市实到外资的 46％，由上海自贸试验区推动浦东新区的地区生产总值增幅连续保持在 8％以上。

2018 年 10 月 31 日，世界银行集团发布了《2019 年营商环境报告：强化培训，促进改革》①。在这份报告中,中国的营商环境成绩喜人,过去一年(截至2018年5月1日)中:①中国实施的改革总量首次居东亚太平洋地区之首;②中国实施的改革数量中,为中小企业改善营商环境政策占比大幅度提升,该数量排名位列今年营商环境改善全球排名前十位;③中国营商环境排名(图4.1)从上期的第78位跃升至第46位,首次进入前50。分指标看(表4.1),执行合同、获取电力、登记产权与开办企业等方面的在全球排名已经处于领先地位,而在纳税和办理施工许可环节仍需进一步提升办事效率。

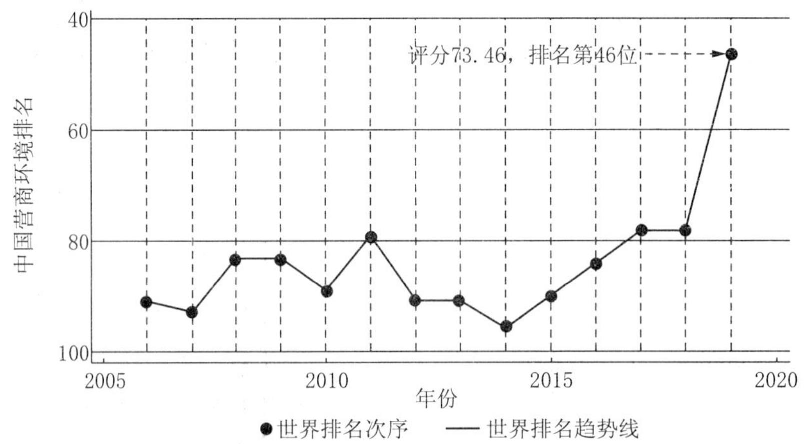

图4.1 中国营商环境变化趋势图

数据来源:世界银行《营商环境报告》(DB2006-DB2019),世界银行的DTF的评分从2015年开始进行。纵轴的坐标的绝对值为当年的中国营商环境排名。

表4.1 各项一级指标得分和排名

序号	项　目	得分	排名
1	开办企业	93.52	28
2	办理施工许可	65.16	121
3	获取电力	92.01	14
4	登记产权	80.80	27
5	获取信贷	60.00	73
6	保护中小投资者	60.00	64
7	纳　税	67.53	114
8	跨境贸易	82.59	65
9	执行合同	78.97	6
10	办理破产	55.82	61

数据来源:《2019年营商环境报告:强化培训,促进改革》。

营商水平不断提升得益于我国持续进行的深化改革与制度创新,中国自由贸易试验区正是这样一种制度创新战略,各项有助于投资管理、贸易便利化、金融便利化

① 网址:https://openknowledge.worldbank.org/handle/10986/30438

和事中事后监管的制度创新在建立、实施、复制和推广等各个环节有序推进，从根本上提升了我国各个地区的营商环境。为此，本章对中国自由贸易试验区的发展脉络和发展阶段进行检验的梳理。

一、上海自贸试验区建立

2013 年 8 月，国务院正式批准设立中国（上海）自由贸易试验区，上海自贸试验区以上海外高桥保税区为核心，辅之以机场保税区和洋山港临港新城，在这一区域范围内进行制度创新试验。同年 9 月 18 日，国务院下达了《关于印发中国（上海）自由贸易试验区总体方案的通知》，并且在 9 月 29 日正式挂牌，自此，“自贸区 1.0 版”在上海成立，上海自贸试验区在原先的综合保税区基础上，试点先行 28.78 平方公里范围的自由贸易园区。

“自贸区 1.0 版”试验的过程中，积累了丰富的制度试验成果与经验，亟待在自贸区外进行复制和推广。在此基础上，2015 年 4 月，国务院关于印发《进一步深化中国（上海）自由贸易试验区改革开放方案的通知》[①]，将中国（上海）自由贸易试验区的范围扩大了近 4 倍，总面积达 120.72 平方公里，并且在广东、天津、福建三省挂牌成立新的自贸试验区，分别面向津京冀、粤港澳和台湾等地进一步深化体制改革与制度创新。2017 年 3 月，国务院印发《全面深化中国（上海）自由贸易试验区改革开放方案》[②]，首次提出上海自贸试验区新时期“三区一堡”的战略定位与功能，并首次提出自由贸易港概念，同时，在辽宁、浙江、河南、湖北、四川、重庆、陕西七省市第三批自贸试验区正式挂牌成立。2018 年 4 月，中共中央、国务院发布《中共中央国务院关于支持海南全面深化改革开放的指导意见》[③]，在海南全境建设自由贸易试验区，赋予其现行自由贸易试验区试点政策，并逐步探索、稳步推进海南中国特色自由贸易港建设。自此，中国共有 12 个省级行政区成立自贸试验区（表 4.2）。

表 4.2　我国各省（市）自贸试验区汇总

成立时间	成立地区
2013 年 9 月	上　海
2015 年 4 月	天津、广东、福建
2017 年 3 月	辽宁、浙江、河南、湖北、四川、重庆、陕西
2018 年 4 月	海　南

① 数据网址：http://www.gov.cn/zhengce/content/2015-04/20/content_9631.htm

② 数据网址：http://www.gov.cn/zhengce/content/2017-03/31/content_5182392.htm

③ 数据网址：http://www.gov.cn/gongbao/content/2018/content_5288811.htm

在所有的自贸试验区中，上海自贸试验区建立得最早，对标国际最高水准推进投资贸易便利化、金融改革、政府职能转变，构建法治化、国际化、便利化营商环境。在两次扩区后，上海自贸试验区地理范围涵盖了外高桥保税区、外高桥保税物流园区、洋山保税港区、浦东机场综合保税区、陆家嘴金融片区、张江高科技片区、金桥片区和世博片区（图 4.2）。下文将对上海自贸试验区的改革过程中的制度经验进行简要的介绍与梳理。

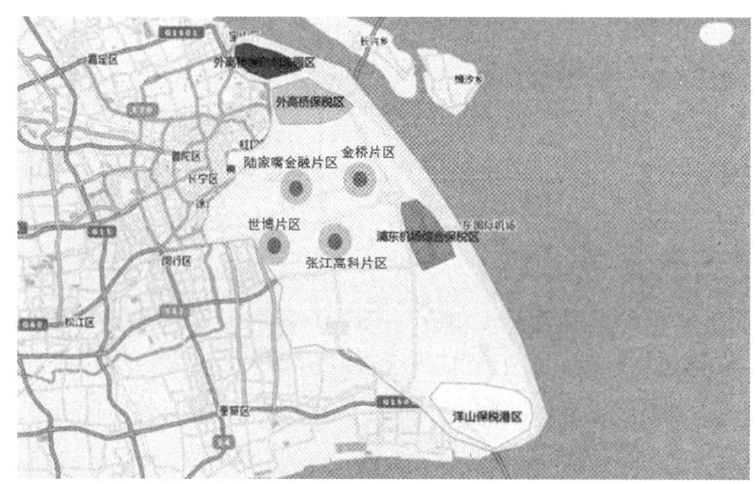

图 4.2　上海自贸试验区地理范围示意图

数据来源：作者整理绘制。

二、 上海自贸试验区制度创新成果

（一）投资管理制度

上海自贸试验区首次确立了以负面清单管理为核心的投资管理制度，并以此为基础加强商事登记制度改革（证照分离、企业准入单一窗口、简易注销、一证多照），形成与国际通行规则一致的市场准入方式。因此，上海自贸试验区中尝试的制度创新案例是值得梳理。

1. 负面清单制度

其中，负面清单管理是上海自贸试验区中最先尝试的基础性制度创新。现行的负面清单（Negative List），相当于投资领域的“黑名单”，以清单的形式明确告知企业不能投资或者限制投资的领域和产业。清单未提及的领域和产业，外资和内资同等国民待遇，实现投资领域真正意义上的“法无禁止皆可为”，负面清单以外的投资项目以备案替代了传统的审批，投资效率进一步得到提升。在此之前，有关数据显示，投资领域繁杂的法规政策共计 3 000 多项，这给外资在国内投资增添了不少的麻烦，无形中提高了其在我国的经营成本，“法无禁止皆可为”的负面清单制度精简了复杂繁琐的行政审批流程，让企业把更多的精力投入在企业的经营中。

如今，负面清单的理念已经深入人心，并开始向全国范围进行复制推广。最早的负面清单共计 190 条，随着改革力度的不断加强，清单长度缩短到了只有 45 条了，可见开放的力度也越来越大。世界贸易组织划分的 12 个服务部门中，有 11 个部门包含在本次开放的领域中，覆盖率高达 91.7%，超过 90%的外商投资企业通过备案方式设立，市场开放度和投资便利度大幅提升。

美安康质量检测技术（上海）有限公司（ACC，简称美安康）是上海自贸试验区扩区后首家外资认证机构。上海自贸试验区建立之前，外资认证机构要进入中国市场，需满足很多条件。例如，企业员工中必须有 10 名以上人员获得其所在国家或地区认可机构认可、具有 3 年以上从业经历等“硬条件”。美安康作为食品检测行业的翘楚，其质检结果已经获得国外食品加工企业的认可与信赖。然而，国外食品进口商对我国国内认证机构所做的认证一直心存戒备，他们并不承认国内认证机构对产品出具的食品安全检测信息，反而要求国外的质检机构再进行一次重复的检验，检测成本上升的同时，检测效率大大降低。2014 年版负面清单中就包括取消对外商投资食品检验检疫行业的限制。美安康正是在这一制度红利的影响下，仅两周就拿到了其在中国的营业执照。

2. 商事登记制度

商事登记，是指商事主体或商业主体的筹办人，为了设立、变更或终止商事主体资格，依照法律的规定，将登记事项向登记机关提出，并经登记机关核准的法律行为（杨峰，2014）。商事登记环节是企业设立过程中必须经历的流程，相比于负面清单制度，商事登记制度改革的程度预示着企业设立的难易程度，这一定程度上影响到企业的经营状况，尤其是初创的小微企业。因此，上海自贸试验区中的商事登记制度改革也是制度创新的重要环节。

我国商事制度改革先后经历了先证后照—先照后证—证照分离三个阶段。其中，先证后照，即从事前置许可经营项目的市场主体，需要先到许可审批部门办理有关许可证明文件后，再到工商部门申请办理营业执照。各个行业的许可证分属于不同部门管理，企业主体在经营前需花费大量的时间走访各个部门办理各项必要的许可证，才能申请营业执照，才能有法律主体资格，企业成立的时间周期长，时间成本高。接着，办理的顺序改成了先照后证，可以先申请营业执照，再办理相关行业的经营许可证。但是,先照后证仅仅解决了商事登记过程中的顺序问题,并未解决许可证办证难、办证烦、办证不透明、办证慢的问题。因此,证照分离的改革应运而生。

上海最早进行证照分离改革。2015 年 12 月,国务院常务会议同意在上海市浦东新区推进“证照分离”改革试点,取消或简化了一批许可证的审批事项①。证照分离改革方案中,选取了 116 项审批频次高、改革效果明显且与企业经营活动密切相关的行政许可事项(详见《上海市开展“证照分离”改革试点的具体事项表》),开展先行先试改革试验。这 116 项行政许可事项,共分为两类五种强度。其中,第一类共包含 16 项,即完全取消审批的行政许可事项。16 项中,完全取消审批 10 项,审批改备案的 6 项。加工贸易合同审批事项改革便是采取了“审批该备案”的方式,原先其审批职责落在地区商务委员会。审批的目的是为了给海关提供征税依据。但是,从执行效率上看,这项审批权限由海关部门执行最为恰当,征税的主体应为海关而不是地区商务委员会,原先的规定类似于打着统计的旗号执行审批的权力,实质上该类审批也并没有任何实质性的作用,因此商务部同意取消该事项。

第二类中共 100 项,统称为保留审批项,按照强度不同分三种,最弱的一种为形式审批,又称为告知承诺。告知承诺中的典型事项便是卫生许可。通常,企业在开业之前要申请卫生许可证,对其卫生条件与食品安全进行卫生检查,通过后颁发卫生许可证。但是企业在经营之前,由于并未开业,企业的卫生条件通常都是满足条件的。而在企业营业之后,由于企业的疏忽,其卫生条件可能会发生一定的变化。因此,卫生条件的事前准入审批本身没有实质意义。因此,将其改成告知承诺,即业主写一个承诺书就可以了,承诺企业的卫生条件可以保持在最低要求以上,当场便可以颁发卫生许可证。这样一来,节约了不必要的审批环节可能耽误的时间。第二类审批条件不变,但是增强了审批的透明度和预期性,办事流程不断简化,办事程序公开透明,管理流程不断信息化和规范化,明确审批标准和办理时限,最大程度降低审批的自由裁量权,实现办理过程公开、透明、办理结果可预期。最后一类则是加强市场准入管理,对直接涉及国家和公共安全、生态环境保护、直接关系人身健康、生命财产安全等特定活动的行政许可事项,按照国际规则,加强风险控制,严格把关市场准入管理环节。

2018 年 10 月 12 日,经李克强总理签批,国务院正式印发了《关于在全国推开“证照分离”改革的通知》②。明确规定,从 2018 年 11 月 10 日起,在全国范围内对第一批 106 项涉企业行政审批事项,分别按照直接取消审批、审批改为备案、实行告知承诺、

① 信息来源于《上海市开展“证照分离”改革试点总体方案》,网址:http://www.gov.cn/zhengce/content/2015-12/29/content_10519.htm

② 数据网址:http://www.gov.cn/zhengce/content/2018-10/10/content_5329182.htm

优化准入服务等四种方式，实施“证照分离”改革。“证照分离”的自贸区经验开始向全国复制推广。

3. 企业准入单一窗口制度

企业准入单一窗口制度经历了一门式办事大厅到单一窗口的过程。中国(上海)建立之初，将各个政府部门都统一安排在一个办事大厅中，方便企业各项事务的统一办理。但是，一个办事大厅同样存在一些不便，尤其是地理空间广阔的地区，区内居民办理事务同样需要一定的时间成本。例如浦东新区，全区共有五个开发区管委会，如果将五个开发区管委会汇总到一个办事大厅，反而增加了居民的办事难度(办事空间距离增大)。因此，比一门式办事大厅还要便捷的制度创新(三全工程)便是全城通办。即在任意一个区的办事大厅中都可以办理其他辖区内的相关业务。现阶段，浦东新区各委办局、36个街镇、在各个开发区管委会共设计了1 000个窗口。设计要求这1 000个窗口都能起到单一窗口的职能，从原先的单一功能转变为现在的统一功能，即每个窗口都可以办理全城业务(简称全城通办)，从原先的单一大厅，优化到单一窗口，代表单一政府行使行政权力。

在政务服务上，浦东全面实施“一网通办”。全区327项涉及企业审批事项全部实现“一网通办”和“最多跑一次”，其中“不见面审批”已经达到53%，实际办理时间(3.3个工作日)比法定时限(22个工作日)压缩了85%。不仅如此，上海自贸试验区还进一步推进“三全工程”，企业市场准入全部104个区级事项实现“全网通办、一次办成”，个人社区事务188个事项实现全区通办，政府政务信息全域共享，保税区域实现与国家和市区部门80个信息共享集成。

4. 简易注销与一址多照

原先的商事登记制度中，企业注册难、注销也难。上海自贸试验区行政制度改革初期，企业注册方便许多，但是注销依然十分困难。例如，一个公司成立没多久，行业形势急剧变化使得企业难以继续经营，这时企业希望注销退出市场，但是工商部门并不会轻易允许企业注销，因为注销之前需要妥善处理企业所面临的债权债务关系。如果处理流程十分复杂且成本高昂，企业主便不愿再为此多费精力，这样一来便形成了僵尸企业。因此，上海自贸试验区在企业注销环节推行了简易注销，让企业注销环节更加便捷。

原先企业注册需要实体经营地址，即门牌号码，但是门牌号码有限，因而其价格便水涨船高。为了方便企业注册，开发区管委会设立了一个集中登记的地址，这一地址可以注册几万家企业，该地址也仅仅用作注册和通讯，并不用作运营，大大降低了企业对实体门牌号码的需求。

（二）贸易便利化

1. 国际贸易单一窗口

在没有单一窗口的情况下，贸易商必须分别与海关、商检、税务、港口、外管等各个职能部门进行联络并完成相关申报，这些监管部门之间的信息交流不完备，导致通关效率无法有显著提升。而上海自贸试验区的首次尝试中，就将国际贸易单一窗口作为制度改革的重点，将海关、商检、税务、港口、外管等各个职能部门间的信息在单一平台上实现信息共享和电子数据交流(以往的信息互通主要发生在相同部门的上下级间，信息的横向传递十分困难)，企业通过这个单一窗口递交进口、出口和转口相关的资料和单证，之后监管部门将处理状态通过单一平台反馈给申报人。国际贸易单一窗口，可以大大提高了政府部门的监管效能，减少了企业申报单证的重复录入，减少了数据信息的差错，降低了贸易和运输企业的综合物流成本。

国际贸易单一窗口的制度创新从最开始的海关和检验检疫两个部门，向其他省市，部门和单位的审批环节进行复制推广，现已经扩展到涵盖中央和地方的 22 个部门和单位。例如，企业申报数据项在船舶申报环节缩减 65%，在货物申报环节缩减 24%，累计为企业节省成本超过 20 亿元。上海国际贸易“单一窗口”已作为上海自贸试验区最佳改革实践案例全国复制推广。

2. 货物分类状态监管

货物分类状态监管是指，允许非保税货物进入海关特殊监管区域储存，与保税货物一同参与集拼与分拨，再根据国内最终的采购订单确定货物实际离境出口或返回境内区外的监管制度。当然，海关特殊监管区域内企业经营非保税仓储货物前，需经管委会审核同意后报海关核准。该项制度创新的意义在于，企业可以进一步拓展其业务类型，提升增值服务的能力，进而改变其在价值链中的地位，促进自贸区的制度标准更好的对接国内外市场。并以此为契机，将上海发展成为国际物流配送中心，逐渐向附加值高的生产服务领域进行业务拓展。

3. “先进区、后报关”制度

“先进区、后报关”是指在海关特殊监管区域境外入区环节，允许经海关注册登记的区内企业凭进境货物的舱单等信息先向海关简要申报，并办理口岸提货和货物进区手续，再在规定时限内向海关办理进境货物正式申报手续，海关依托“海关特殊监管区域信息化辅助管理系统”，通过风险分析进行有效监管的一种作业模式。

上海元初供应链管理有限公司有一家客户为大型超市，该超市从日本和中国(香港和台湾地区)进口大量食品、调味品等，货物从日本出发只需要 1 至 2 天就可以到港，然而客户却需要花费半个月的时间整理入关所需的申报材料，而且食品类货物入港的申报要求更加严格，原材料、配方等信息要求详细完整，在“先进区、后报关”制度出现之前，申报完成之前货物在港区需要停留相当长时间。这不仅耽误了货物入关的时间，还有增加了其他各项成本。通常，海关15天未申报会产生1.5‰的滞纳金，并支付船公司超过10天的滞箱费，平均每个集装箱会白白增加好几万元的成本。“先入区、后报关”的政策推出后，货物到港，船公司换单，两天左右就可以进入上海自贸试验区仓库。不仅减少了货物滞留时间，还大大降低了客户的额外成本。

（三）金融制度创新

金融制度创新的重点在于，以金融工具为手段为实体经济运行服务，促进国际和国家内部的贸易投资便利化。上海自贸试验区内部的金融探索，都是基于风险可控的前提下，对我国金融领域制度进行进一步的改革创新，尤其是在资本项目可兑换、人民币跨境使用、利率市场化等方面进行先试先行，建立与上海自贸试验区相适应的外汇管理体制

1. FT账户

FT账户全称为自由贸易账户（Free Trade Account），指银行为客户在上海自贸试验区分账核算单元开立的规则统一的本外币账户，属于央行账户体系的专用账户。

通常情况下，境内企业开立外币账户时，流程复杂冗繁，有美元收支的企业需要开立美元账户，有欧元收支的企业要开立欧元账户，当一个企业跟多个国家都存在业务和资金上的往来时，其银行账户的开立和管理过程将变得异常繁琐。在结售汇时，FT账户是比较境外汇率牌价。目前，虽然内地资本项目在不断开放，但汇率机制跟境外还是有一定区别。换句话说，就是香港地区的人民币兑美元汇率和内地人民币兑美元汇率是不一样的。这样一来，对于很多跨国公司来说，在内地做的汇兑损益和境外做的汇兑损益不一样。这样会给母公司在做财务报表汇兑损益时带来很多不必要的麻烦。但如果放到上海自贸试验区里来做购汇安排，那么跟境外的汇差则基本一致。

在FT账户的支撑下，上海自贸试验区企业向境外融资成本进一步降低。过去境内企业是不能向境外融资的，现在不仅是企业，不仅是银行，甚至将来个人也可以到海外融资。2014年初，上海自贸试验区境外融资很便宜，利率不到3%，2016年也仅仅是3.9%，低成本的境外融资进一步促使境内金融实体将融资成本进一步下调。伴随着上海自贸试验区金融制度改革的不断完善的，无论是外资还是中资企业，无论是非金融企业、商业银行还是非银行金融机构，只要企业注册地在上海自贸试验区内，该企业便可以开立自由贸易账户。而且企业可以通过该账户获得数额为净资产

一定倍数的境外融资额度。根据近期最新颁布的上海自贸试验区"金改40条",企业可以根据自身业务状况和意愿对融得的外债资金进行结汇。除了从境外获得融资,上海自贸试验区内的企业将来还可能通过FT账户体系实现对外金融投资和参与国际金融交易平台的交易等业务操作。目前的FT账户仅在浦东120平方公里范围内可以使用,上海自贸试验区内累计开立FT账户数目达7万个,涉及企业2.6万家(一个企业可以多个账户)。

2. 建立一批面向国际的金融交易市场

上海国际能源交易中心、黄金国际板、上海保险交易所、沪港通等跨境金融服务功能性平台落地运行。体现了上海自贸试验区改革一线放开的姿态,国际投资者可以在上海自贸试验区进行各种投资,同样二线被有效管控,国际投资者无法越过二线影响我们国内的金融市场,如A股市场和债券市场等。因为一旦允许国际投资者自由进出二线市场,其市场行为可能会影响国内的金融市场,一旦监管不到位则可能提高国内金融市场的系统性风险。而且,无论是黄金的国际板还是原油的国际版,都统一使用人民币作为基础货币,说明上海自贸试验区内的金融改革,与我国的人民币国际化战略是密切相关的,金融交易市场的建立有助于提高我国在国际金融市场中的话语权。

3. 跨境双向资金池业务

跨境双向人民币资金池的主要功能是为企业集团内部的经营性融资活动提供便利。跨国公司集团根据业务拓展和财务管理需要,在境内外非金融成员企业之间开展的跨境人民币资金余缺调剂和归集业务,跨境双向人民币资金池是开展这一业务的高效工具。一般情况下,跨国企业集团总部会根据自身经营状况和财务需要,指定在中华人民共和国境内依法注册成立并实际经营或投资、具有独立法人资格的成员企业(包括财务公司),作为开展跨境双向人民币资金池的主办企业。双向归集业务的主要内容包括:资金池境内主账户归集境内资金池成员资金对外放款,以及归集境外资金池成员资金对内借入外债。对外放款和借入外债都是公司之间的借款行为。

上海自贸试验区内有很多的跨国公司,与其发生业务往来的既有海外关联企业,也包含国内关联企业。双向资金池业务有利于资金的集中调度使用,减少中间环节,方便关联企业间的资金调度与使用。不再仅仅是简单的单向支付,这样节省了企业资金周转过程中的财务成本。作为上海自贸试验区跨国公司外汇资金集中运营管理首批试点企业,德尔福中国下属子公司通过资金池平台,直接进入在上海自贸试验区注册的地区总部投资公司,实现主账户与子账户之间的资金互补。同时,上海自贸试验区开展跨境人民币双向资金池业务的放开,让德尔福中国可在区内开立的人民币专用账户,并以此将境内资金池与境外资金池进行对接,实现公司资金的双向归集。跨境双向人民币资金池业务让德尔福集团在中国境内的资金融入全球化资金管理,达到全球层面的统一调配。

4. 境外投资便利化

上海自贸试验区最早实施了境外投资的备案制度,一改以前投资需要商务部门和发改部门的双重审批制度,它实施了一口管理,这一改革尝试得到了商务部门和发改部门的认可与推广。其主要的法律依据包括:《国务院关于印发〈中国(上海)自由贸易试验区总体方案〉的通知》、两个单行法规 72 号文和 74 号文,还有两个单行法规,即 2013 年 9 月上海市政府《中国(上海)自由贸易试验区管理办法》与 2014 年上海市人大通过的《中国(上海)自由贸易试验区条例》。

上海自贸试验区开创了整个境外投资备案的先河,其主要特点包括:限额 3 亿美元,与国家发改委确定的 3 亿美元的限额一致;备案期限是五个工作日,与上海自贸试验区外商务部门的 3 个工作日和发改部门的 7 个工作日不同;一口受理,集合了商务部以及发改委的职能,备案职责由上海自贸试验区管理委员会执行,实际上已将发改部门与商务部门进行了融合,对于境外投资的项目,上海自贸试验区管委会会颁发一张境外投资的备案证书。上海自贸试验区的境外投资便利化实施之后,极大地促进了整个上海的境外投资。在上海自贸试验区成立的前三年时间内,境外投资累计 1 370 个项目,共计 480 亿美元。这一数字已经超过浦东开发二十几年的总和,上海自贸试验区在两至三年迅速成为全国最佳的境外投资平台。

但是,对外投资的便利化同样存在一定的风险,国家外汇储备和人民币汇率的波动更加明显,这对于上海自贸试验区境外投资监管能力以及商业银行的风险防范能力提出了更高的要求。过去的企业境外投资资金的管理模式,主要是由发改委核查投资的可行性,商务部核实合同的真实性,外管部门核实换汇的额度。而在自贸区境外投资便利化的趋势下,在上海自贸试验区内办理境外投资业务,只需一表填报,一口受理,三个工作日便可完成全部手续。外汇管理局也不再承担预监管与审批职能。这样一来,具体经办的商业银行的风险与工作量显著提高,之前可以根据相关部门的审核情况办理业务,而现在更多的市场行为回归市场主体,商业银行需要对自己的金融行为承担更多的责任。当然,作为市场主体,首先要自律。实际上,外管局把他的一部分监管的职责归还给了市场主体了,这个是符合改革方向的。其次,银行作为境外投资便利化的实际参与者,更应履行金融业务拓展的三原则:认识客户、熟悉业务、尽职调查。然而,国内银行在业务拓展三原则的实践过程中,依然遇到了不少的困难。例如,企业向商业银行申请境外投资,但是银行主体对于资金的来源、去向、用处都无法核实的条件下，其无法在风险不可控的情况下继续开展业务。另外，如果境外资金希望通过国内商业银行在国内进行投资活动，而商业银行对其资金的真实来源，投资项目的实际内容以及投资之后的收益判断都没有很充足的把握。这样一来，银行的很多境内外投融资业务无法继续开展。内资商业银行很难再与外资银行竞争。花旗银行汇丰银行在全球都有网络，对资金的来龙去脉了如指掌，这样一来，以开放倒逼国内金融实体改革创新的目的就达到了，只有不断提升业务能力才能在国际金融体系中争得一席之地。

（四）事中事后监管

上海自贸试验区在贸易、金融与投资领域的扩大开放，开放给政府监管带来了一定的挑战。自上海自贸试验区试点以来，90％的外资都是以备案的方式进来。过去的审批（预监管）环节也取消了，这对海关和国检等部门的事中事后监管缓解提出了更高的要求。2016年，上海市政府发布《进一步深化中国（上海）自由贸易试验区和浦东新区事中事后监管体系建设总体方案》①，该方案对在上海自贸试验区和浦东新区实施的事中事后监管体系进行了顶层设计，简化事前审批环节，加强事中与事后监管，这一顶层设计的具体的监管措施包括：

1. 双随机公开措施

事中事后监管的主体为上海海关和国检部门，而从潜在业务量上看，上海口岸一年的集装箱吞吐量有巨大，其中95％的集装箱都在自贸区内通关。如果每个标箱都开箱检查，国检部门的所有员工人数在全年无休的情况下，每人每年要开箱检查8 000多个集装箱。如果还是按照原先的监管方式进行，那么工作人员的负担将无比繁重，且效率低下。在这种情况下，国检部门将集装箱的开检环节进一步优化。对于信用水平良好的企业，有些放检，有些抽检。对于如何抽检，则采用双随机的方式：随机选择执法对象，随机安排执法人员，且实时公开双随机的执法结果。这不仅对于潜在的违法违规行为起到了强大的威慑力，也杜绝了自由裁量权与选择性执法的问题。

2. 第三方采信

除了双随机公开措施外，国检部门的事中事后监管还大量应用了第三方采信。例如，对于上海的进口车辆，国检部门需要对其进行检验检疫，而在上海自贸试验区中，国检的这一项工作内容完全委托给第三方来执行，国检部门则通过监管第三方检

---

① 数据网址：http://www.shanghai.gov.cn/nw2/nw2314/nw2319/nw12344/u26aw48434.html

测检验机构，来保证车辆检验检疫环节的准确性。所以，在上海自贸试验区的开放领域中，对外资检测检验机构的开放也是上海自贸试验区服务业开放的重要组成部分。

3. 预监管于服务

除了第三方采信的方式，国检部门对于特定产品检验检疫采取了“空检海放”。例如，对于食品的进口，在入关前需要做一系列食品安全试验，以检验其是否符合中国的食品药品安全标准，这样的检测周期一般在半个月到20天左右，如果按照正常的检测方式，集装箱全部到港后开箱检测，那么同一批次的奶粉需要在码头堆放15天甚至更久，无疑增加了船方、供货方、需求方的各项成本。现在采用的“空检海放”方式，则是将同批次的食品先空运一部分到港进行检验。而同一批次中海运的部分到港后便可直接放行。该方法核心的部分是诚信管理，如果企业采用其他违规的方式（如调包产品）蒙混过关，发现一次，永久拉黑。

（五）其他创新

1. 单一窗口理念

上海自贸试验区建立之初，首先实现了市场准入单一窗口和国际贸易（货物）单一窗口。现在这个理念扩展到对人的管理中，外国人专家，外国人的居留证、就业证和专家证，分散在公安、人保、外国专家局等部门。外国人员管理的单一窗口则是将上述部门的职能统一到同一个平台上。2018年6月15日下午，市人社局、市侨办、上海海关、市公安局出入境管理局、市外专局、市人才服务中心、上海国旅保健中心、浦东新区区委组织部、上海自贸试验区保税区管理局、市公安局上海自贸试验区分局等领导在外高桥保税区共同开启外国人服务单一窗口线上平台，外国人服务单一窗口进入了“3.0版本”的新时代。

2. 创新药品上市许可人制度。

上海自贸试验区建立之前，张江药品研发企业只能把研发成果卖给有生产线的企业。现如今，允许发明成果与生产分开，上市许可持有人可以将产品委托给不同的生产商生产，药品的安全性、有效性和质量可控性均由上市许可人对公众负责。对产业链的拉升，对创新的激励非常有效的。不仅如此，上海自贸试验区持续推进与张江国家自主创新示范区联动发展（双自联动）双自联动相关的创新：①落实“双自地区”外籍高层次人才可申请在华永久居留；②在上海自贸试验区率先试点上海自贸试验区顶尖科研团队外籍核心成员申请永久居留新政，外籍人才在上海自贸试验区兼职创新创业新政；③试行持在华永久居留身份证的外籍高层次人才在上海自贸试验区注册科技企业享受中国籍公民同等待遇。

第二节　上海自贸试验区与跨国公司

2017 年，上海新增跨国公司地区总部 45 家，其中 14 家为亚太区总部，全市跨国公司地区总部总数达到 625 家，其中 70 家为亚太区总部；全年新增外资研发中心 15 家，外资研发中心总数达到 426 家。越来越多的跨国公司地区总部将相关管理决策、采购销售、研发、资金运作、共享服务等职能集中到上海，显示出上海作为中国市场“外资大脑”的地位。同年，上海自贸试验区实到外资 60 亿美元，比上年增长 6%，占上海市总实到外资的 35.2%，充分展现了上海自贸试验区对外资的吸引力，只有不断释放改革开放红利，才能稳定和提升来华外资规模和水平。2017 年，上海自贸试验区新增服务业扩大开放相关外资项目 412 个，涉及金融、航运、文化、专业服务等多个服务业扩大开放领域。其中包括全国第一家外资金融类投资性公司和全国自贸区第一家中外合作教育培训机构等。值得注意的是，2017 年，上海服务业占全市实到外资比例高达 95%，创历史新高，作为中国经济中心城市的上海，产业结构和发展动能正进一步向服务业集中。

一、 上海自贸试验区以“服务业特区”为创新导向

从发展内容来看，经济特区、高新技术开发区、国家经济技术开发区和海关特殊监管区的发展定位和发展模式，都是以制造业产业集聚集群为基础的。从多年的发展成果和经验来看，我国以产业园区为抓手的经济发展模式使得制造业规模和技术水平快速提升，成为世界制造业发展的主要国家。然而，国内的服务业水平相比制造业则落后很多，特别是金融证券保险与科技服务业，资本市场仍处于初级发展阶段。

以金融业发展为例，目前很多经济园区通过提供优质的条件或者基础设施，吸引了跨国公司生产制造环节的项目入驻。然而，我国现有的体制下不允许资本自由流动，跨国公司的资金在我国境内外流动十分不便，需层层监管、层层审批，壁垒很多。因此，绝大多数跨国公司关键的资金运作业务根本不会放到中国来，跨国公司真正的财富管理中心往往设立在纽约、东京、新加坡，香港，而不是中国，而这部分是服务业最核心、最有价值的环节。上海自贸试验区制度创新正是从跨国公司业务中最核心和高层级的业务开始，从金融领域的资本流通入手，尽可能满足跨国公司国际业务中资金流动的需求。

从上海自贸试验区的创新实践中看，全面推进服务业的开放，着力推进金融服务

业的发展，加快人民币国际化进程，构建符合国际规则的现代服务业体系，打造中国服务业的特区。上海自贸试验区的设立，将通过进一步向外资开放金融、商贸物流、信息服务、科技服务等生产性服务业领域，引导外资投向提高中国产业在全球价值链中的地位，尽快形成可复制、可推广的经验，发挥示范带动，通过金融业等服务业的发展，为人民币国家化和资本走出去奠定重要基础。2017 年，上海自贸试验区跨国公司总部外汇资金集中运营管理试点的启动，为跨国企业实现了国内外资金调拨，降低融资成本，并提升了自贸区对跨国公司总部的吸引力。随着上海自贸试验区金融改革一系列政策的落地，发展跨国公司地区总部经济的春天已经来临。

跨国公司总部外汇资金集中运营管理试点有五项内容①：

(1) 创新跨国公司账户体系：允许跨国公司同时或单独开立国内、国际外汇资金主账户，集中管理境内外成员企业外汇资金，开展资金集中收付汇、轧差净额结算，账户内可以全部或部分共享外债和对外放款额度。

(2) 简化单证审核：银行按照"了解客户""了解业务""尽职调查"等原则办理经常项目收结汇、购付汇手续，服务贸易等项目对外支付需按照规定提交税务备案表。

(3) 便利跨国公司融通资金：国际外汇资金主账户与境外划转自由，没有额度限制；在规定的外债和对外放款额度内，国内、国际账户内互联互通，便利企业内部调剂资金余缺。

(4) 资本金结汇负面清单管理：资本金资金意愿结汇，审核真实性后对外支付。

(5) 加强统计监测防控风险：全面采集跨国公司外汇收支信息，集中收付或轧差净额结算进行数据还原申报，留存相关单证备查，落实额度控制监管"阀门"。

在自贸区跨国公司总部外汇资金集中运营管理试点的过程中，跨国公司可同时或单独设立国内、国际外汇资金主账户，集中管理境内外成员企业外汇资金，开展资金集中收付汇，轧差净额结算。国际外汇资金主账户与境外自由划转，无额度限制。对于在规定的外债和对外放款额度内的国际账户与国内账户，其资金在上海自贸试验区内可以实现有限联通。

二、上海自贸试验区力助跨国公司融入上海

为加快外资研发中心融入上海的创新体系，2017 年 10 月，上海市政府出台《上海

① 主要内容引自《跨国公司外汇资金集中运营管理规定(试行)》，数据网址：http://www.fdi.gov.cn/1800000121_23_71721_0_7.html

市关于进一步支持外资研发中心参与上海具有全球影响力的科技创新中心建设的若干意见》①(简称“16 条”),意见中明确提出了如“支持跨国公司设立开放式创新平台”,“鼓励外资研发中心参与重大项目研发”、“鼓励外资研发中心的研发成果在本地转移转化”、“支持外资研发中心参与本市研发公共服务平台建设”和“吸收外资研发中心的科技人员参加政府计划项目专家库”等创新性条例。

“16 条”颁布之后,上海市相关部门在自身的行政管辖范围内陆续出台配套措施。例如,上海市人力资源和社会保障局制定出台《关于本市外资研发中心聘用外籍人才来沪工作办理工作许可相关事宜的通知》②,该通知明确提出上海市外资研发中心聘用外籍人才在工作许可方面可以享受的便利措施;上海市海关、检验检疫部门针对外资研发中心的研发过程中的实际需要,突破传统监管模式,提升研发使用样品在跨境流动过程中的便利性;上海市发展和改革委员会成立战略性新兴产业发展专项资金,对参与重大项目研发的外资研发中心给予必要的资金支持。例如,“新一代高端微创医疗器材研发及产业化项目”的研发环节就得到了上述资金的支持;2017 年,上海市经济和信息化委员会在外资企业技术中心建设进一步发力,共立项 18 个企业技术中心能力建设专项,并在战略性新兴产业专项中支持两个外资项目。与此同时,上海市商务委员会与上海市财政局已加快修订《上海市鼓励跨国公司地区总部发展专项资金使用和管理办法》,落实对全球研发中心(包括具有独立法人资格的研发中心)的财政资助;上海市知识产权局与市财政局对《上海市专利资助办法》进行修订,将“16 条”中与外资研发中心知识产权落地的财政支持政策相关的政策条例纳入其中。不仅如此,各区政府为外资研发中心如何更好地在本区发展颁布了各项政策意见。徐汇区开始实施“光启计划”为外资研发中心提供人才公寓住房保障和服务;松江区鼓励外资研发中心参与 G60 科技走廊建设;普陀区加紧编制《普陀区支持科技创新实施意见》;杨浦区与西门子合作共建西门子数字化体验中心过程工业展厅等。

跨国公司研发中心的入沪不仅给上海带来了资金、技术和人才三大创新要素,也为上海地区创新要素的集聚和溢出创造了条件,推动了产业结构的创新优化。同时,全社会的创新发展的氛围将为外资研发中心的高效产出创造良好的外部环境。各级政府部门不断优化政策条例,以法治化、国际化和便利化的营商环境,为上海外资研发中心建设创新中心和参与国际竞争提供有力的政策支持,把每一个创新主体的能力激发到最大,上海科创中心的全球影响力正在逐渐扩大。

---

① 数据网址:http://www.shanghai.gov.cn/nw2/nw2314/nw2319/nw41893/nw42230/u21aw1261984.html
② 数据网址:http://www.12333sh.gov.cn/201712333/xxgk/flfg/gfxwj/rsrc/05/201801/t20180116_1277565.shtml

第三节 上海自贸试验区与总部经济建设

来自上海市商务委员会的统计显示，2017 年，上海实到外资较上一年下降 8%，主要原因是房地产业和金融服务业两大行业受调控政策影响，实到外资分别大幅下降 40%和 23%。相反，以总部机构为主的商务服务业实到外资近 50 亿美元，比上一年增长 5%，占上海全年实到外资的比例达 29%，成为吸引外资第一大行业。

一、 上海自贸试验区对总部经济的带动效应

上海自贸试验区《总体方案》①明确提出，大力发展总部经济，鼓励跨国公司建立亚大地区总部，建立整合贸易、物流、结算等功能的营运中心，深化跨国公司总部外汇资金集中运营管理试点，促进跨国公司设立区域性或全球性资金管理中心等。上海自贸试验区在投资准入、金融制度创新和贸易转型升级等方面的改革将会极大地缓解总部经济发展面临的约束，对吸引更多的总部型功能性机构集聚以及促进现有总部机构拓展业务、提升能级等具有积极作用。

（一）带动总部机构加快集聚

自贸试验区的制度创新与服务业先行开放势必会带动上海总部机构的进一步集聚。一是跨国公司亚太地区总部。一方面会有增量的亚太地区总部入驻，另一方面，也会有已落户的总部向亚太地区总部升级。上海自贸试验区运行以来，已有很多跨国公司表示上海自贸试验区进行的利率市场化、外汇管理制度等改革，将使跨国公司升为地区总部成为可能。二是各类总部型功能性机构。包括营运中心、结算中心、分配配送中心、营销中心等，尤其是整合贸易、物流、结算等的营运中心，在外高桥原有亚太营运商计划的推动下，将有望实现规模扩张。三是国内企业总部及功能性机构。上海自贸试验区的制度创新效应也将带动国内企业总部的集聚，同时也会催生一些离岸、跨境、走出去等业务相关的上海自贸试验区分支机构，如海外业务拓展部门、国际业务部门、金融业务板块等功能性机构的集聚。

（二）拓展总部经济行业领域

近年来，尽管上海服务业总部集聚呈现良好态势，且出现了很多新兴功能的突

① 数据网址：http://www.gov.cn/zwgk/2013-09/27/content_2496147.htm

破，但制造类总部依然占据主导地位，主要是投资性公司和研发中心。上海自贸试验区推动服务业扩大开放，将为服务业总部的集聚带来新机遇。一是服务业开放领域的总部集聚。如外国银行总部或分支机构；外资保险机构、航运企业总部、文化等社会服务类总部等。二是制造业总部向研发、营销总部、售后服务中心、维修检测中心延伸。上海自贸试验区为服务业总部带来发展机遇，将为上海制造业总部升级提供重要支撑，一般制造环节的外迁，进一步强化上海作为研发中心、创新中心、营销中心的地位。三是新兴产业领域总部的拓展。那些依托信息技术和互联网技术兴起的新兴产业领域的总部也将获得发展空间。如提供系统集成服务、增值服务的平台型总部、大数据服务的相关总部等。

（三）促进总部经济业务拓展

上海自贸试验区将为各类总部机构的业务拓展带来机遇。一是总部营运控制功能进一步拓展。上海自贸试验区的制度创新将推动上海总部功能的整合，由原来的单一物流、分拨、生产、销售向营运控制功能转变，进一步协调在亚太地区的布局和全球战略的调整，将会提升，上海的总部能级，增强营运控制能力。二是总部结算功能进一步拓展。上海自贸试验区的制度创新，尤其是外汇管理制度改革、特别账户的设立将为跨国公司境内外资金往来、资金结算提供便利，使得原本很少会落在上海的资金结算功能有望破冰。三是总部跨境离岸业务或全球性业务进一步拓展。上海自贸试验区接轨国际的制度规则、开放的制度安排为跨国公司开展境外融资、投资、整合全球资源以及在岸业务与离岸业务的联动提供契机，也为国内企业走出去提供新的平台。四是总部资产管理业务进一步拓展。自贸区总部经济业务拓展、跨境服务等将会带来大量的资金沉淀，进而催生资产管理的需求。因此，资产管理类总部功能也有望进一步拓展。

二、上海自贸试验区促进总部经济发展制度安排

（一）深化服务业开放，拓展总部经济集聚领域

积极争取已开放领域服务业项目的落地，集聚相关领域的总部、功能性总部机构。结合新版负面清单制定，继续探索服务业扩大开放，如广播电视、影视制作、艺术品、教育服务的相对外资比例，推动上海在金融、文化、旅游、医疗、教育、电商、专业服务等领域总部经济的进一步集聚。

（二）落实亚太营运商计划，发展亚太营运总部

以上海自贸试验区亚太营运商计划为主体、支持跨国公司亚太营运总部发展。鼓励跨国公司以在沪地区总部为平台，整合采购销售研发、资金管理、共享服务、物流分级、管理决策等业务，进步拓展在沪跨国地区总部功能，提升价值和效益。支持已入驻上海的跨国公司总部向亚太营运中心升级，培育统筹国际国内市场，统筹在岸和离岸业务，统筹贸易、物流和结算功能的亚太区营运总部。吸引更多的跨国公司营运中心落户、增强贸易营运与控制功能，不断提升上海总部经济的亚太枢纽地位。

（三）完善差异化支持政策，促进总部机构业务升级

制定差异化的支持政策，鼓励跨国公司地区总部向业务拓展、扩大溢出效应的环节延伸。一是着力解决投资类总部合法所得在投资限制开放以及资本利得税调整问题，鼓励跨国公司依托投资性公司，对其在华投资企业进行重组和整合，进一步增强在沪跨国公司地区总部的控制和指挥能力，使上海在跨国公司全球战略布局中占据更重要的位置。二是着力解决研发类总部研发设备保税监管问题，以更大的力度鼓励支持跨国公司研发中心在上海发展，进一步扩宽跨国公司研发中心联合中方合作伙伴参与政府科研项目的渠道和范围。三是着力解决贸易结算类和服务类总部的外汇管制问题，细化落实上海自贸试验区《总体方案》中的外汇管理、资金管理等政策突破，着力解决贸易结算类总部的外汇管制、多币种资金池的运作问题，着力解决服务类总部非贸易项下的外汇支付是否方便的问题。四是着力解决采购、销售类总部在海关、商检等货物贸易便利化方面的政策诉求，进一步提供通关便利。

（四）推进税收制度改革，争取适应总部集聚的税收创新

深入研究跨国公司总部的税收政策需求以及税收制度与政策创新所带来的影响，探索具有国际竞争力，又能够有效推动国家税制改革，并有效促进上海总部经济能级提升的税收制度与政策。一是积极争取跨国公司地区总部企业所得税15%的税收政策，如果无法争取则要加大财政支持力度，尽可能弥补与香港等地的税率差距，为跨国总部离岸业务的开展创造条件。二是制定针对高能级、专业总部合理的税收支持政策。借鉴新加坡经验(新加坡对总部经济设置了各种税收支持计划，如地区总部税收优惠，特准国际贸易计划、商业总部税收营业总部税收、跨国营业总部奖励等，对于高端总部功能突破发挥了重要作用)，制定支持营运总部、结算中心、国际金融、航运等行业总部的税收政策。三是制定针对跨国公司股权投资、再投资的资本利得

税政策。四是完善征税机制与征税方式。如完善研发类总部的保税监管模式,改革和简化非贸易项下付汇的涉税证明办理手续等。

(五)深化外商管理体制改革,提高政府服务水平

结合上海自贸试验区深化外资管理体制和投资管理体制改革的试验要求,不断推进完善与准入前国民待遇、负面清单、事中事后监管模式相适应的政府管理服务创新。继续深化由审批到备案的改革,优化工商登记和商事登记制度。建立总部经济信息平台及企业诚信档案,完善一站式受理与服务。着力保持政策稳定性,提高政策透明度,保证地区总部关于政策调整的提前知情权。完善规范的年度报告公示和安全审查等制度及境外投资备案管理和年检制度。进一步制定与国际规则相符的知识产权保护制度,包括仲裁制度、权益保护以及新兴业务相关的法律法规。健全市场秩序建设、社会诚信体系建设、第三方监管体系建设等。

(六)完善配套支撑优化总部经济发展软环境

优化人才环境,在户籍制度、签证制度、外籍人才市场开放方面继续提供便利,力争在金融、航运、法律、会计、审计和其他专业服务的国际化、复合化高端人才方面有所突破。完善信息环境,构建以信息技术升级为标志的新型城市化设施,形成信息枢纽,推进城市管理和功能服务的智能化。优化生活环境,加强国际教育、国际医疗以及其他国际服务资源的集聚,进一步营造城市的国际化氛围。加强宣传推介,继续与美商会、德商会、新加坡商会、中国香港贸发局等机构进一步加深交流合作,完善市长咨询年会、总部沙龙、高管智库等平台。

第五章　自贸区总部企业的案例分析

第一节　上海元初供应链管理有限公司

“先进区、后报关报检”的通关便利政策实施以来，货物到港后的进入仓库的时间从原先的十天多天，缩短至现在的两三天，对于贸易物流企业来说，在岸监管部门“先进区、后报关报检”模式的实施不仅简化了业务流程提高了时间利用效率，还节约了相关的物流成本，增强了企业在国际国内市场的综合竞争力。近三年来，该项改革举措已成为自贸区制度创新中最受企业欢迎的制度之一。

一、背景

上海元初供应链管理有限公司（以下简称上海元初）于 2009 年在洋山保税港区注册成立，注册资本 500 万元，包含 6 000 多平方米的食品专业仓库，6 000 多平方米的服装国际分拨中心，以及汽车、游艇展示，业务涉及包括大型设备、整车和零部件、游艇、食品、化妆品、服装等，主要客户有奔驰、宝马、路虎、捷豹、欧莱雅、耐克、阿里巴巴等全球知名集团及企业。公司主要经营国际货物运输代理业务及代理报关报检业务。在这些运输货物中，80%以上为化妆品、食品、服装、零配件等产品，每批次进区货物在 100 个种类以上，品名复杂繁多、归类难度大。货物到港后，通关入区成为企业最操心的问题。

在通关传统模式下，货物入区需要分别通过货物信息备案、换单、进境备案提货入库 4 个环节。就通关时间而言，每一批货物从最初的归类备案到最终提货入区，整个过程需要 15 天左右的时间。以上海元初为例，在接到客户的预报信息后，企业会花5～7天预先进行归类审核、资料整理。由于货物尚未到港，货物信息不够详细，对于HS(海关编码)归类不确定的货物，还需要花5～7天时间才能完成海关编码的修改，最后花2～4天时间进行进境备案申报及港区放箱提货。就通关成本而言，码头堆存费每箱每天需50～200元。如若货物无法正常通关或时间较长，还可能产生船公司滞箱费及海关滞报金。传统的"先报关报检，再进区"模式不仅使企业耗费了大量的时间和经济成本，还使企业面临着市场推进速度慢、客户流失等风险。

二、"先入区、后报关报检"的实际操作

上海自贸试验区贸易监管制度创新始终坚持以企业需求为导向、以贸易便利化为重点，在探索建立具有国际先进水平的贸易监管制度，持续降低企业通关成本，提升企业通关效率方面，推出了一系列制度创新举措，"先入区、后报关报检"的做法应运而生。

1. 不断完善"一线放开"和"二线安全高效管住"的贸易监管制度

上海自贸试验区成立以后，上海海关等口岸监管部门转变监管理念，针对企业经营过程中的主要问题，确立符合国际高标准的贸易监管制度，在实现货物贸易便利化的同时，形成具有国际竞争力的可复制可推广的口岸监管服务模式。口岸监管部门坚持落实"信息互换、监管互认、执法互助"和"一线放开、二线安全高效管住"贸易监管制度，切实推进"自主申报、自助通关、自动审放、重点稽核"和"十检十放"等创新监管模式。实施以信息化和智能化为核心的贸易便利化改革，构建货物状态分类监管制度，最终以信息化监管为主、现场监管为辅的贸易监管模式。建成上海国际贸易"单一窗口"，实现"一个平台、一次提交、结果反馈、数据共享"。

2. 各货物申报环节同时进行

"先进区、后报关报检"制度实施后，货物入区的4个环节大大优化，货物信息备案、换单、进区备案可同步进行，实现货物入区和企业申报同步进行，经海关注册登记的试验区海关特殊监管区域内企业，可凭进境货物的舱单信息先向海关进行初步申报，同时办理口岸提货和货物入区手续，之后在规定时间内向海关和检验检疫等部门正式办理进境货物申报手续。货物入区和企业申报同步进行，缩短了一线进境货物从口岸到区内仓库的时间，减少企业物流成本。此外，还可以实现仓库理货后根据理货信息正确申报，提高了理货信息的及时性与准确性，提高信息申报效率。

在企业货物入关之前，企业在得知货物即将到港时，便可通过上海自贸试验区海关监管信息系统向地方海关发出提货申请，短时间内便可收到系统自动生成的回执。凭借回执，企业可在货物到达港口但尚未办结海关手续前，直接从港区提箱装货，先行将货物运达上海自贸试验区仓库。“先入区，后报关”的方式使得货物通关效率得到极大的提升，不仅企业可节省货物的运输成本，如货物等待报关时间，包括这一过程中产生的物流、仓储成本，而且海关整体的货物进出效率得到提高。据测算，新模式下企业货物入区通关时间可缩短到三天以内，因此而节约的仓储物流成本平均达原先的10%。同时，上海通过先将货物提回核对，确保了货物归类备案和申报数量的准确性，降低了改单频率。

3. 实行“三个一”通关模式

“三个一”是海关和检验检疫部门“一次申报，一次查验，一次放行”通关作业模式的简称。海关和检验检疫部门在“体制不变，机制优化”的原则下，依托信息化手段(电子口岸信息系统)，通过合作执法的方式优化原有的机制和模式，对通关过程中的企业申报、关检查验及货物放行三个环节的流程进行协调优化。简化企业申报手续，提升作业流程效率，进而节约企业通关过程中的时间和财务成本，达到提高口岸通关效率和关检执法效能的初衷。

“一次申报”即“一次录入、分别申报”。在申报环节，企业可通过统一的系统界面一次录入须报关报检的货物的相关信息，录入完成后统一一次向海关和检验检疫部门递交报关报检的电子信息，从而改变了原先企业在申报环节中，需要在不同系统分别录入、重复录入的烦冗的过程。据统计，在新模式下，报关报检流程的信息化整合，使得企业可以一次性录入90余项申报内容，“一次申报”系统可自动分类生成完整的报关单和报检单，进而完成向海关和检验检疫系统的信息申报。

“一次查验”即“一次开箱、关检依法查验/检验检疫”。海关和检验检疫接受企业申报后，对双方均需查验的货物，双方在约定时间内实施一次开柜，分别按照本部门的相关规定对货物依法查验，减少企业因重复移柜、开柜和装卸货物而徒增查验成本，提高查验效率。这一高效的查验(检验检疫)模式将海关和检验检疫部门的业务在“一次查验”平台上进行了整合，码头根据检验平台的信息指令对货物进行移箱操作。移箱到位后，关检部门的联合查验使得企业仅需一次到场配合，大大减少了企业货物的入关成本。不仅如此，海关和检验检疫部门在通关查验中实施“查验比例融合、查验场所整合和查验队伍联合”，实现监管“信息互换、监管互助、执法互助”。在查验过程中，口岸监管部门通过视频化先进技术实施非侵入式查验试点，大大提高查验效率，避免了物品损坏。

“一次放行”即为“关检联网核放”。关检双方分别把审核后的电子放行信息发送给口岸经营单位，口岸经营单位凭关检双方的放行信息办理企业的提货手续，改善口岸通关效率，提高各方工作流程的透明度。

关检合作“三个一”模式在简化通关手续，提高通关效率上起到了关键性作用。采用新的通关模式后，货物通关申报项目录入项数减少45%，货物申报效率提高约25%以上；查验指令的协作化和信息化使得企业办单候查的时间缩短了一半以上；同时，减少重复装卸缓解同样可以减少原货物查验时间的50%，不仅降低了货物重复装卸受损减值的概率，也降低了企业通关的时间与财务成本。

三、“先入区、后报关报检”的制度优势

总的来说，“先入区、后报关报检”制度的实施为区内企业提供了更为高效便捷的入区方式，为企业更好地把握市场机遇发展国际贸易提供便利与支持。

政府行政职能的转变，监管和服务并举的理念值得进一步学习与借鉴。“先入区、后报关报检”是在“安全高效管住”前提下的“放开”，是通关新模式的大胆创新，简化流程、协调关检合作等具体做法，提升了政府部门监管与服务并举的理念，为政府职能进一步转变提供了借鉴。

加强部门间的协同合作是提高政府办事效率、优化办事流程的重要抓手。在海关发挥监管职能和改进监管方式方面，及时运用现代信息工具手段，优化通关验货工作机制，特别是基于自由贸易试验区的体制特点，开展工作。借助现代信息工具手段，大大节约通关验货的时间，节约通关成本，提高货物流转速度，节约在途货物资金占用。

“先入区、后报关报检”模式为真正实现“一线放开”提供了有效路径和宝贵经验。“先入区、后报关报检”极大简化了一线进境备案程序和手续，是口岸监管部门推进上海自贸试验区真正实现“一线放开”的有益尝试。随着该项创新制度在全国其他地区复制推广，上海自贸试验区贸易便利改革“先行先试”的意义也得以体现。在未来，该项制度创新也必将吸引越来越多的企业参与其中，市场的主体活力也将进一步释放。

第二节　美安康质量检测技术(上海)有限公司

一、企业发展与制度背景——“负面清单”制度的幸运儿

美安康质量检测技术（上海）有限公司（简称美安康）是美国 Anchor Center for

Certification(ACC)独家授权的在中国执行食品安全标准的国际化企业，成立于2015年7月，主要从事食品、食用农产品检测技术开发、技术咨询，自有研发成果转让，食品、食用农产品的检测、认证服务等①。ACC汇聚了美国食品药品监督管理局(FDA)、农业部及学术界一批高端科学家和食品安全领域的专家委员，针对有机农产品，膳食补充剂，加工食品领域，制定检测和认证指标。

美安康是上海自贸试验区扩区后，在区内设立的首家认证机构，也是上海自贸试验区新政的直接受益者。上海自贸试验区扩区之前，外资认证机构要进入中国市场，需要满足下列硬性要求:需要有10名以上相应领域的专职认证人员，取得其所在国家或地区认可机构的认可，具有3年以上从事认证活动的业务经历等等。美安康公司由美国ACC独家授权，拥有该领域多行业中的资深专家，更重要的是，它是一家非营利性质的专家委员会机构，对食品质量检测进行第三方检测认证。按照之前的外资认证准入条件，该机构并不具备进入中国市场的资格。

虽然内资认证机构同样可以对出口食品进行认证，但是国外进口商对国内认证机构所做的认证一直心存怀疑，很多产品即便拿到了国内的认证，但国外企业都要派人来再认证一遍。正是看到了国外进口商对认证检测的这一市场需求，美安康公司决定在中国建立一个外资独资的检测和认证机构，同时把检测认证过的企业建成一个资源库，推荐给进口商。

上海自贸试验区成立后，推行了负面清单管理模式，外商投资进出口商品认证公司的项目并没有进入负面清单中，并且外资认证机构的审批从原来的核准制改为备案制，使得美安康顺利进驻上海自贸试验区，企业入驻的制度约束被化解，入驻效率得到进一步提升。不仅如此，配套制度改革中认证机构许可被改为后置，即企业可在投资直通车网上先申请成立认证公司，再办理认证机构成立所需的相关许可证明。美安康从申请注册到拿到营业执照仅用了半个月的时间。

二、 上海自贸试验区负面清单管理模式

美安康这一外资认证机构之所以能够首次进入中国，得益于上海自贸试验区首次实行的“负面清单”管理制度。2014年，上海自贸试验区推出“负面清单”第二批扩大开放的31条措施，其中就包括取消对外商投资进出口商品认证公司的限制。同时外资认证机构的审批从原来的核准制改为备案制，这不仅让美安康的落户成为可能，

---

① 资料来源：http://www.acclab.cn/

还大大缩短了企业办证时间，美安康仅两周就拿到了营业执照。

上海自贸试验区实施的“负面清单”制度，是指政府为了保护对国家经济至关重要的特定产业或幼稚产业，而列举出投资领域的“黑名单”，即禁止和限制进入的行业、领域和业务等清单（施元红，2018）。在这个清单之外，如果没有法律的相关禁止规定，便可以自由开展双边贸易与投资项目。作为投资条约的附件形式，负面清单主要可分为国际谈判的外商投资负面清单、上海自贸试验区负面清单和市场准入负面清单三类。

上海自贸试验区实施的“负面清单”颁布以来，其清单中的项目仍在不断减少。《自由贸易试验区外商投资准入特别管理措施（负面清单）（2017 年版）》于 2017 年 6 月在中国政府网上公布。新版负面清单与上一版相比，减少了 10 个条目、27 项措施，负面清单缩减至百项以内，与第一版 190 项相比，“瘦身”比例增百分之五十。《自贸试验区负面清单》之内的非禁止投资领域，外资进入须获得许可。《自贸试验区负面清单》之外的领域，在上海自贸试验区内按照一致原则对内外资企业的投资行为实施管理。2017 版的负面清单依据《国民经济行业分类》划分为 15 个门类，40 个条目，95 项特别管理措施，首次将条目缩减到了 100 条以内。与上一版相比，直接减少的条目共 6 条，包括轨道交通设备制造、医药制造、道路运输、保险业务、会计审计和其他商务服务，同时整合减少的条目共 4 条。在此基础上，进一步开放采矿业、制造业、交通运输业、信息和商务服务业、金融业、科学研究和文化等领域。

如今，美安康在金桥片区的 1 200 平方米办公场所中，有 800 平方米是实验室，主要针对有机农产品、膳食补充剂、加工食品等制定检测和认证指标，旨在以国际化标准的第三方检测中国食品和膳食补充剂是否安全。公司业务开始运行的第一年内就取得了国内 CNAS 认证①（中国合格评定国家认可委员会的认证）。从 2017 年开始，美安康进一步将业务从认证检测扩展到研发服务，企业本着“从设计开始控制质量”的理念，让产品在研发阶段就能参照国际标准。经过 3 年多的发展，美安康的客户中国际和国内客户各占一半，且不乏像家乐氏、佳沛等知名品牌，还有包括进行食品研发的客户。

可见，美安康得以进入中国，并将国际先进的食品安全理念、研发技术、认证资质和检测带来中国，帮助中国企业走出去，帮助中国食品保健品行业跟国际接轨，很大程度上得益于上海自贸试验区提供了平台及政策支持。

---

① 该认证资质需要经过 300 多次实验，对 CNAS 发布的盲样进行检测，检测结果对标全球 400 个实验室，只有误差不超过 0.1‰才算通过。

三、负面清单管理模式的制度优势

（一）激发市场主体活力

我国市场体系和市场准入制度一直不够完善，行政制度的过多不恰当的干预和监管成为市场体系发展的一大阻碍。负面清单管理模式规范了政府"看得见的手"，解放了市场的价格机制。政府通过负面清单这一管理措施，明确列出禁止和限制企业进入的行业与领域，以清单的形式告知市场主体，哪些项目是政府禁止与限制的，将有限负面清单之外的广阔领域全部交给市场主体自由选择，将市场主体的投资决策权还给市场主体，企业可根据市场需求和自身发展状况做出合适的市场决策，企业的准入自由和经营自由的权利得到了进一步的完善与保护。这不仅化解了政府过多干预的问题，还可以打破企业垄断，激发市场主体活力。

（二）限制公权和减少腐败

清单以外，一律不得实施行政审批，更不得违规新设审批事项。这就意味着，在负面清单管理模式中，凡是被列入负面清单的，都是对公权力主体的授权。负面清单之外的，则是对公权力主体的约束，政府部门设置市场准入的限制条件必须有明确的法律依据。在这一管理模式下，竞争环境更加公开透明，有效地抑制了权力寻租、腐败现象的发生。

（三）具有可复制和可推广的优势

上海自贸试验区肩负着我国在新时期加快政府职能转变、积极探索管理模式创新、促进贸易和投资便利化，为全面深化改革和扩大开放探索新途径、积累新经验的重要使命。随着自贸区范围不断扩大，负面清单管理进一步延伸到广东、天津和福建三地自贸区。而且负面清单的管理模式不再仅局限于自贸试验区中，一些地方政府开始在本辖区内尝试负面清单管理模式，因地制宜地提出本地区的负面清单版本，如浙江省制定实施企业投资负面清单试点，对于核准目录外的投资项目，地方政府不再进行事前审批。由此可以发现，负面清单管理模式的可复制和可推广优势明显。

（四）进一步与国际通行规则相衔接

随着经济全球化的深入发展，负面清单管理已成为国际投资的趋势。中国作为一个发展中国家，需要紧跟世界脚步，用世界的标准与规范发出观点与声音。因此，在这样的大背景下实行负面清单管理模式，有助于我国建立一套与国际通行规则相衔接的新制度体系，使我国能够充分参与全球贸易新规则的发展与制定过程中，在今后与其他国家的经贸往来过程中拥有平等的地位。

上海自贸试验区借鉴国际通行规则，在传统制度模式下探索建立负面清单管理法，对外商投资采用准入前国民待遇。对负面清单之外的行业和投资项目，执法部门按照内外资一致的原则，对其投资项目由原先的核准制改为现行的备案制。而美安康正是这项政策的受益者。由于外商投资进出口商品认证公司的设立在负面清单管理之外，使得美安康得以顺利进入中国市场，并提高了企业设立的效率。这不仅有利于美安康在中国市场的业务拓展，也有利于提高中国食品检测认证领域的水平。

第三节　交银金融租赁有限责任公司

一、发展现状与背景

金融租赁进入中国已有三十多年，在经历了复杂曲折发展过程后，直到2007年银行重新获准进入租赁业，金融租赁才重获新生。从监管部门分类来看，目前国内主要有银监会批准设立的金融租赁公司和由商务部批准设立的外资、合资金融租赁企业以及其他内资金融租赁企业两种类型。其中银行系金融租赁公司由于资金资源、客户资源、人才队伍资源等方面优势明显，已成为国内金融租赁市场的主导力量。

交银金融租赁有限公司（简称交银租赁）的目标客户分三类：①有市场规模的运营服务商，如电力、通信、城市基础设施、铁路、航运、环保节能等企业；②知名品牌的大型设备制造商，交银租赁可通过自身的财务优势之共同开展大型设备的租赁业务；③优质上市公司和盈利能力较强的企业，交银金融帮助该类客户调节财务和税收状况。作为交银控股集团下主要创收团队，交银租赁将积极携手与分支行、兄弟子公司进行业务合作，依托交银集团的保险、证券、基金、信托等金融业务的整合资源，满足客户金融服务和财富管理方面的多层次需求。

随着全球一体化进程的不断推进，航空、航运产业持续增长，机船租赁业务应运而生。通过保税区操作飞机、船舶等大型设备租赁业务，是国际成熟模式，也是中国租赁行业发展的重要业务方向。国内航空公司为了降低成本都通过租赁公司租用飞机。但不少租赁公司都是注册在海外，导致飞机租赁带来的税收、就业和租赁资产均在国外的情况。在上海自贸试验区成立之前，交银租赁是通过综保区项目子公司来开展飞机船舶租赁业务的。虽然在国内业务方面跟境外租赁公司基本站在了同一起跑线上，然而企业开展业务时仍会遇到不少周折。自上海自贸试验区成立以来，交银租赁进一步加大在上海自贸试验区的业务拓展和创新力度，在上海自贸试验区范围内设立多家项目公司(SPV)开展飞机和船舶租赁项目，实现了上海自贸试验区内飞机、船舶融资租赁和经营租赁业务模式的全覆盖，业务规模快速增长。截至2014年7月末，交银租赁在上海自贸试验区内租赁资产余额达到111.06亿元，在推动自身机船租赁业务向国际化迈进的同时，也拉开上海自贸试验区机船租赁业务发展的序幕，对于上海自贸试验区租赁行业后续业务开展具有积极的借鉴和参考意义。

二、 上海自贸区融资租赁领域的政策革新

上海自贸试验区各项制度创新和监管新举措为租赁行业发展营造了更好的营商环境。特别是"一行三会"先后出台的51条支持上海自贸试验区建设的指导意见，对于上海自贸试验区租赁公司准入门槛、税收优惠、业务经营范围、开展跨境双向人民币、担保便利政策等方面给予了明确支持。

(一) 市场准入

金融租赁公司开展航空、船舶租赁等国际业务时，为了满足客户需求和与国际一流专业租赁公司竞争，一直谋求设立专业的子公司。自上海自贸试验区获批后，作为唯一总部设在上海的大型国有股份制商业银行，交通银行获得银监会的"自贸区大礼包"，获批在上海自贸试验区筹建航空航运专业子公司。2014年7月11日，中国银监会办公厅印发了《金融租赁公司专业子公司管理暂行规定》[①](以下简称《暂行规定》)，其中第二条对金融租赁行业中专业子公司的从事范围进行了明确的定义，即主要从事特定领域的融资租赁业务，包括飞机、船舶以及经银监会认可的其他租赁业务等。

同时，《暂行规定》允许上海自贸试验区专业子公司在境外设立SPV公司(特殊目的公司，是因融资需要而以公司形式设立、单独持有某项特定资产的操作工具)开展融资租赁业务，突破了原来保税区项目公司的地域限制。以前国内金融租赁公司不能直接在境外设立SPV公司，因此其在参与国际证券业务的过程中，只能以项目安排人的身份，间接实施国际跨境租赁项目，导致国内市场与国际市场的分离。例如，上海自贸试验区成立前，交银租赁作为项目安排人通过爱尔兰SPV平台操作国

① 数据网址：http://www.cbrc.gov.cn/chinese/home/docDOC_ReadView/6B902B93F79F4752BFC4D9B019BB2E58.html

际航空租赁业务，但爱尔兰平台毕竟不是交银租赁的子公司，用业内人士的话说，不是自己的孩子不跟自己姓。因此，爱尔兰平台的业务实现和实际管理的金融租赁公司并表成为中国融资租赁公司管理者期望解决的问题。现在《暂行规定》突破了这一障碍，就业子公司可以在海外设立项目公司，在交易结构、国际登记、税收费用成本等方面，能够享受当地法律法规带来的优势，这种国内、国际两个市场双头并进的发展正是金融租赁公司所看重的。

（二）金融支持

金融租赁公司的运作模式与商业银行有些相似，融资租赁业务类似于商业银行的贷款业务，但此前，金融租赁公司无法吸收整合非股东企业或个人的存款，除政府的财政支持外，必须依靠市场上的融资来获得业务投放所需的资金，且无法直接从境外融资，外汇资金来源渠道较为单一，融资成本也较高，一定程度上减弱了国内金融租赁公司与境外同业的竞争力。上海自贸试验区成立后，逐渐放宽了对金融租赁公司在境外进行融资的监管，为融资租赁行业的发展带来了新的机遇和优势，其核心制度改变包括：

一是跨境直接融资的渠道开通。2014年2月21日，交银租赁通过上海自贸试验区子公司与交通银行新加坡分行签署了《跨境人民币融资合作协议》，由交行新加坡分行提供总计7亿元的跨境人民币境外借款。本次境外借款业务由交通银行新加坡分行安排境外人民币资金，直接向上海自贸试验区内的非银行金融机构——交银租赁提供跨境融资，用于支持其航空航运等专项租赁业务的拓展。此次自贸试验区跨境人民币境外借款业务的破题，不仅有利于交银租赁拓宽融资渠道，降低融资成本，实现融资方式的多元化和国际化。同时，也是自贸试验区非银行金融机构跨境人民币融资的探索和创新，具有良好的示范作用，并将进一步有效发挥上海自贸试验区政策优势，利用境内外优质资源，促进和推动实体经济发展。

二是融资能力的提升。一方面，金融租赁公司专业子公司是一个自负盈亏的独立法人，其行业地位远弱于母公司，如果根据信用评级情况与其进行融资业务，境外银行通常不会与其开展借款业务。即使在抵押质押风险缓释手段足够时，境外银行也会担忧其他潜在风险状况，因此专业融资租赁子公司获得借款的价格将高于其他金融机构。因此，解决这一问题的最好办法是母公司为子公司的融资风险进行担保。在传统的法律条例中，金融租赁公司的母公司不允许为其子公司进行业务担保。2014年3月公布的《金融租赁公司管理办法》第二十七条对这一规定进行了修订，规定明确了母公司可以为其控股子公司和项目公司的对外融资业务提供担保。此后，金融租赁专业子公司可以在母公司的担保下向境外完成借款业务。另一方面，上海自贸试验区专业子公司作为实体公司，与其他项目公司相比，资金融通和财务管理能力更强，尤其是在资产规模和资信记录等方面，更容易获得境内外金融市场上交易方的认可，从而有利于借助上海自贸试验区的政策红利获得更多的融资便利。

（三）税收优惠

试验区实施了一系列促进贸易的税收优惠政策。其中之一是分期缴纳融资租赁制度推出之前，境内承租企业只有向境外租赁企业承租进口设备才能适用分期缴纳税款；向境内租赁企业承租，则需根据设备的总价一次性缴纳税款，这一做法增加了承租企业租赁成本，背离了企业开展融资租赁的初衷。租赁制度的实施，明确允许承租企业分期缴纳税款，消除了向境内境外融资租赁企业承租设备在缴纳税款方式上的差异，为境内承租企业选择租赁企业提供了更多选择，促进了国内融资租赁产业快速发展。此外，还有出口退税和进口环节增值税优惠政策等。自贸试验区内注册的金融租赁公司设立的项目子公司可纳入融资租赁出口退税试点范围；试验区内注册的国内租赁公司或租赁公司设立的项目子公司，经国家有关部门批准，从境外购买空载重量在25吨以上并租赁给国内航空公司使用的飞机，享受相关进口环节增值税优惠政策等。

三、融资租赁便利化的重要启示

交银租赁在上海自贸试验区的各项业务创新引起业内强烈反响，贯彻了自试验区"先行先试"的深化改革和创新理念。交银租赁上海自贸试验区专业子公司在项目拓展、跨境投融资等方面取得的成果，不仅体现在公司自身的管理资产、处置资产和控制风险的能力得以提升，对国内金融租赁行业的发展和创新具有重要意义，还将助力中国制造的先进装备走出国门、走向世界。

（一）充分发挥金融租赁在经济活动中的作用

金融租赁实现了融资和融物的巧妙结合，适应了现代市场经济发展的需要。从微观角度而言，承租人通过金融租赁方式获得融资门槛要低得多。对于出租人而言，金融租赁是一种安全性好、收益率高的投资方式，在整个金融租赁的过程中，租赁物的所有权都是归属于出租人，这对于信用风险的控制是非常有效的。从宏观角度而言，金融租赁是连接资本市场、设备制造、使用市场的有效平台和桥梁。在租赁交易中，租赁公司作为载体，可以有效地融合社会资本、金融资本等各项资金和设备制造商、使用方的产业资本，在正确的制度设计条件下，通过合理规避税收，可以促进投资、融资，加快资金的流通，从而实现全社会交易成本的降低，有效地扩大整个社会的经济规模。

（二）金融租赁的发展体现了上海自贸试验区各方面制度创新的集成效应

金融租赁是现代化大生产条件下产生的实物信用与银行信用相结合的新型金融服务形式，是集金融、贸易、服务为一体的跨领域、跨部门的交叉行业。上海自贸试验区设立后，在投资管理、贸易监管、金融创新等各方面都推出了一系列有利于融资租赁行业发展的政策措施。交银租赁在上海自贸试验区的快速发展正是体现了其对投资（专业子公司、境内外 SPV 公司的设立）、贸易（海关监管及税收优惠）、金融（跨境融资）几方面改革措施的灵活运用。

（三）融资租赁的“融资端”选择多样化

目前主要有 4 种模式。首先是一般的境外人民币借款业务。这类业务的最大优点是交易结构简单，即使在采取质押或融资性保函等风险缓释手段后，操作仍然较为方便。其次是开展保理业务。金融租赁公司将自有的应收租赁款收益权转让给境外银行，获得人民币资金。再次是金融租赁公司专业子公司在境外发行金融债。由于金融债是一种标准化的金融工具，且经过评级公司的专业评级，其信用风险相对较小，能够被更多的投资者接受，是成本最低的融资工具。但债券的发行操作相对复杂，且发行规模有限。最后是资产证券化产品（ABS）。这对金融租赁行业而言是一个创新产品。交银租赁已经在境内发行了首单 ABS，但在境外尚没有成功的案例，考虑到 ABS 的发行流程较债券简单，且融资成本较低，这一产品是未来金融租赁公司融资工具的发展方向。

（四）发展融资租赁与服务国家战略相结合

融资租赁制度将上海航运服务与金融服务的资源优势、创新优势、环境优势，与海关特殊监管区域保税功能优势相结合，允许租赁标的物以保税形式进境，扩大了保税制度的适用面。融资租赁制度的推出，允许承租企业按照租金分期缴纳税款，更好地契合了融资租赁“资金融通，分期支付”的特点，有助于吸引原先在境外设立融资项目入区运作，推动提升国内融资租赁产业竞争力，更好发挥上海国际金融中心和航运中心的功能。中国正在推动实施大飞机、海洋经济、工业 4.0 等一批重大项目，以及

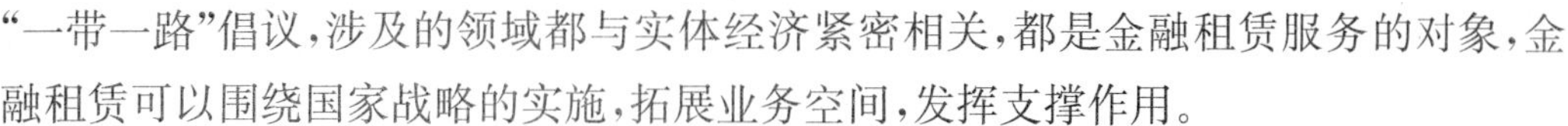

"一带一路"倡议，涉及的领域都与实体经济紧密相关，都是金融租赁服务的对象，金融租赁可以围绕国家战略的实施，拓展业务空间，发挥支撑作用。

第四节　海通证券——利用FT账户实现跨境借款

从国际市场融资，一直是中国企业希望拥有的融资手段，但由于企业境外融资受到中国监管部门的严格前置审批，并受限于额度管理，因此企业境外借款的操作难度较大。海通证券利用上海自贸试验区自由贸易账户（以下简称"FT账户"）成功完成上海自贸试验区内证券公司首单境外借款，有效对接服务了中资企业的海外融资需求。

一、公司与制度背景

由于境内外货币市场的汇率和利率存在差异，通过境内外市场开展不同形式的融资，不但可以直接利用国外的资金，而且有助于规避汇率与利率风险。三年前，境外人民币利率最低的时候是2%，当时境内的人民币贷款利率是6%～7%，境内外利差在4个百分点。因此，海外金融市场借款一直受到国内企业的垂涎。

2015年2月，《中国（上海）自由贸易试验区分账核算业务境外融资与跨境资金流动宏观审慎管理实施细则（试行）》的落地，对"分账核算境外融资管理规则"、"分账核算境外融资计算规则"、"分账核算境外融资宏观调控触发机制"、"分账核算境外融资的信息报送与资金用途"等进行了明确的规定，分账核算境外融资有了具体明确的操作办法。企业利用FT账户从境外进行融资，成了各家银行自贸试验区业务中的重头戏。根据实施细则，在上海自贸试验区取消境外融资的前置审批，全面放开本、外币境外融资。在这一政策下，不仅企业境外融资规模由原本实缴资金的1倍上调到2倍，金融机构也被同步允许到境外融资。

二、境外借款的操作流程

2015年下半年，海通证券通过与中国农业银行自贸试验区分行合作，成功完成了自贸试区内证券公司首单境外借款。

海通证券以自贸试验区分公司为借款主体，将自营持仓的国债或政策性银行金融债质押给德意志银行（中国），由德意志银行（中国）向德意志银行（新加坡）出具保函，用于担保德意志银行（新加坡）对海通证券自贸试验区分公司的贷款，贷款金额

1 亿美元。该笔贷款通过 FTE 账户发放，主要用于海通证券自贸试验区分公司购买中资企业在香港市场发行债券(海通证券具有境外证券自营资格)。在资金从境外进入分账核算单元再投资到境外的过程中，中国农业银行自贸试验区分行对该笔贷款资金划转进行系统报送和监测。

海通证券通过 FT 账户实现境外借款，是证券公司首次根据上海自贸试验区分账核算业务境外融资政策，探索上海自贸试验区跨境融资业务和以债务融资工具为基础为中资企业海外融资提供服务。由于 FT 账户内存在汇差效应，除了能够实现外币融资外，在人民币贬值、国际汇市大幅波动的背景下，FT 账户可以享受境内外汇差，能够帮助企业节约成本，吸引了不少出口企业的投资兴趣。

三、“FT 账户”的制度优势

开启了证券公司利用 FT 账户进行海外融资的先河。证券公司利用上海自贸试验区平台借入海外低成本资金，拓展了境外融资渠道，降低了长期融资成本，有利于促进证券经营机构“走出去”和资产的国际化，对证券经营机构具有一定的复制推广价值。

把境外借款与中资企业“走出去”战略有机结合起来。加快了中国企业自贸试验区平台进行国际布局的步伐。证券公司通过购买境外中资企业发行的债券来支持中资企业境外融资，有利于拓宽实体企业的融资渠道。需要说明的是，随着人民币回流通道的拓宽，目前境外人民币贷款利率已经到了 4%～5%，境外人民币借款的优势几近丧失。但是，在汇率利率多变的国际金融市场，海外借款将是企业相机抉择的重要手段之一。

第五节　来沪就业人员证件业务“单一窗口”

一、制度背景

外籍人员来沪就业工作必须要办理外国人工作类居留许可、外国人就业许可证或者外国专家证，但是“办证难、办证烦、办证久”却是许多外籍人员来沪就业不得不面对的问题。“办证难”，在办理居留许可、就业证和外国专家证时，申请单位需要分别到公安局、人社局和外国专家局这 3 个部门进行办理，且上述证件的换发补发、延期、变更等 20 多种业务都没有一个统一的办理点，不同证件的办理业务都要去找不同的部门；“办证烦”，在公安局、人社局和外国专家局办证窗口的运行机制、办证程序和办证信息不统一，申办流程较为复杂，护照、签证、就业许可等10余项申请材料往往需要重复提交；“办证久”，由于办理证件需要几个部门来回跑，再加上办理程序较为烦琐，全部证件办完至少需要大半个月的时间。许多来沪工作的外籍人士表示，办证问题给他们的工作生活造成了诸多不便。办证问题的存在不仅让来沪工作的外籍人士难以拥有较好的就业服务体验，也会削减上海对海外人才的就业吸引力。如何更好推进海外人才出入境便利化，是一个迫在眉睫的问题。

二、证件业务“单一窗口”的实际操作

为了进一步优化国际人才服务环境，浦东新区推出上海自贸试验区与国家自主创新示范区联动建设国际人才试验区“人才14条”新政，特别是在推进海外人才就业便利化方面，在上海市公安、人社、外专部门指导支持下，由自贸区公安分局和保税区管理局合作，在上海自贸试验区保税区片区率先设立外国人证件业务“单一窗口”，为外籍人士来沪就业的办证提供了难得的便利。此外，外国留学生毕业后直接留沪就业和外籍人才申办永久居留“双认定”等政策的出台，更是为海外人才来沪就业提供了重要的政策保障。海外人才新政频传，大幅提升了上海对海外优秀人才的吸引力。

外国人证件业务“单一窗口”就是把原来分属于公安、人社、外专这3个部门外国人证件业务进行“三窗合一”，通过加强部门协作和信息共享，率先建立的口式受理、一并予以发证”的办理新模式，对外国人办理证件业务实现了“一个窗口、一套材料、一次申请、一并办结”。外国人证件业务“单一窗口”整合了原来需要分别到三个窗口进行办理的环节：即许可就业证、外专证以及上述证件的换发、补发、延期、变更等业务，现全部统一在一个窗口办理；申办流程的简化减免了重复的申请材料，使得各部门间的信息收集和使用更加集约，原来须分别向3个部门提供的多项材料，现在可以通过人社和公安信息管理系统直接查询，申请环节的效率大大提升；只要材料齐全，申请人就完全能做到“一次申请、二次办结”多种外国人证件，这不仅缩减了办理证件的程序，办事效率较原来分别办理时提高了近50%，办理时间一般也比原来缩短3至5个工作日，办证效率大大提高。

上海自贸试验区外国人证件业务“单一窗口”在保税区域试点后，得到了园区企业的一致认可。为了更好地使人才、资金、货物的流动结合起来，形成一个更为完整的服务链，“单一窗口”经不断完善已升级到2.0版：一是受理区域扩展。除保税区域企业外，上海自贸试验区扩展区域企业也可办理。二是合作部门增加。除人社、外专部门外，与检验检疫部门加强合作，建立了外国人健康体检“绿色通道”。三是业务范

围扩大。将外国人居住证B证、外国人就业单位变更等10余项新业务纳入受理范围,从而实现外国人证件业务的广覆盖。四是服务方式优化。对目前的政策推送和应用"组合策略"进行充实丰富,向申请人提供更高效、便捷、优质的专业服务。

三、证件业务"单一窗口"的制度优势

以外国人证件业务"单一窗口"为代表的上海自贸试验区海外人才入境就业便利化系列政策,为上海自贸试验区人才集聚和服务环境提供了重要的政策保障。其中有一些做法和经验值得总结推广。

(一)主动优化国际优秀人才的服务环境

优秀的人才服务环境主要体现在服务效率上,其中,外国人证件业务"单一窗口"就是自贸区人才服务的又一个制度创新,与原有的企业准入"单一窗口"和国际贸易"单一窗口"一起,将人才、资金、货物三种发展要素紧密地结合在一起,形成对上海自贸试验区企业更为完整的服务链,为吸引跨国公司企业入沪,营造良好的国际优秀人才服务环境提供了现实经验。

(二)积极建设与国际接轨的人才引进制度

上海建设自贸区和具有全球影响力的科技创新中心,离不开海外优秀人才的加入和努力。无论是设立外国人证件业务"单一窗口",还是突破外籍人员在沪就业需两年工作经验的限制、试点留学生毕业直接落户就业、推行外籍人才申办永久居留双认定等政策,都是上海为吸引国际化的优秀人才、积极建设与国际接轨的人才引进制度的重要体现。

(三)努力搭建国际创新创业人才发展平台

引进海外人才"怎么用"是关键。上海自贸试验区正在努力搭建国际创新创业人才发展平台,探索建设上海自贸试验区海外人才离岸创新创业基地,按照"区内注册、跨境经营、托管服务"新模式,支持海外高层次人才创业项目跨境孵化、转化和产业化,并将探索对持有外国人永久居留证的外籍高层次人才创办科技型企业等创新活动给予中国籍公民同等待遇等政策。

附录一　2018 上财 500 强企业竞争力指数结构分析

作为中国经济发展领军企业的中国 500 强企业竞争力到底有多强？当前以营业收入为标准的 500 强排行以及相关分析，并不足以给予我们足够好的建议和选择的路径，甚至有可能将我们带入“盲目求大”的不归路。如何科学地分析不同地区、不同行业、不同所有制企业的竞争力强弱程度，是一个很重要的现实课题。中国 500 强企业应实现从“规模”发展路径升级到“竞争力”提升战略转移，彻底摆脱大而弱的羁绊。

一、 上海财经大学竞争力评价指标体系构建

上海财经大学中国 500 强企业竞争力指数指标体系(以下简称上财 500 强企业竞争力指数或上财 500 强指数)具体构建过程如下：①利用德尔菲法确定竞争力指标体系的构成要素及各要素的具体指标和权重；②采用动态系数法对 500 强经营数据进行无量纲处理，同时对适度指标进行标准化处理；③构建上海财经大学 500 强企业竞争力指数(Shanghai University of Finance & Economics Top 500 Enterprises Competitive Power Index)简称“上财 500 强”(SUFE500)，具体模型为：

$$\text{SHUFE500} = \alpha\sum_{i=1}^{n} x_i\omega_i^x + \beta\sum_{i=1}^{n} y_i\omega_i^y + \gamma\sum_{i=1}^{n} z_i\omega_i^z$$

其中，SHUFE500 为上财 500 强企业竞争力指数，α 为盈利指数的权重为 0.363，x_i 为盈利指数第 i 项指评价值，ω_i^x 为盈利指数要素第 i 项指标的权重；β 为成长指数的权重为 0.324，y_i 为成长指数第 i 项指评价值，ω_i^y 为成长指数要素第 i 项指标的权

重；γ 为规模指数的权重为 0.313，z_i 为规模指数第 i 项指评价值，ω_i^z 为规模指数要素第 i 项指标的权重（江若尘等，2011；江若尘和吴烨，2012）。

不难发现，上海财经大学竞争力评价指标体系由三个层次构成，即目标层、要素层与指标层。第一层为目标层，即“上财 500 强指数”，经过无量纲处理与标准化处理的指数能够给出企业竞争力的具体数值；第二层为要素层，反映了作为复杂经济系统的企业的竞争力构成要素，即规模效应、盈利能力与成长速度。通过指数分析，能够深入剖析企业竞争力的强弱程度，能够比较不同行业、区域的竞争力差异，能够分析产权安排对企业经营绩效的影响系数。本小节采用这一指标体系对上海市的中国 500 强企业的发展状况进行评析。

二、 2018 上财 500 强企业竞争力指数结构性分析

中国 500 强企业竞争力指数在 2016 年达到最低值，2017 年、2018 年有所回升。本部分重点关注 2018 上财 500 强企业竞争力指数的具体结构，首先分析总体竞争力指数，然后按照地区、行业与所有制逐个分析其竞争力指数，并着重分析银行业、汽车及零配件制造等七大行业的竞争力指数。

上财 500 强企业竞争力综合指数为当年中国 500 家企业竞争力指数的算术平均，一定程度上反映了中国企业的总体竞争力水平（以下各分指数与之相同）。指数以 2004 年中国 500 强企业竞争力指数为基期（取值 100），以后年份均与基期相比，2015 年总指数为 96.43，2016 年总指数为 88.93，2017 年总指数为 89.52，而 2018 年

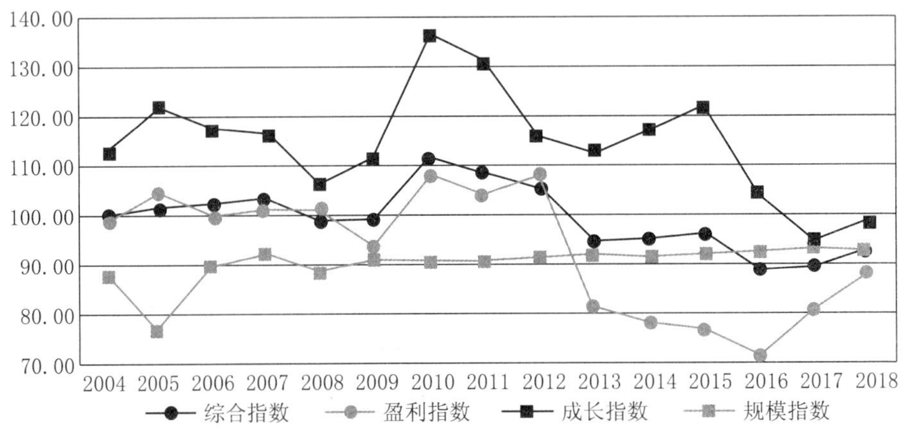

附图 1 上财 500 强企业竞争力指数

资料来源：上海财经大学 500 强研究中心。

总指数为 93.29，较上一年度上升约 3.77 点，综合指数在下降到低谷后有明显回升，在经济新常态中中国大企业整体经营开始平稳回暖。

附图 1 显示，2004—2007 年上财 500 强企业竞争力综合指数持续上涨，但 2008 年之后呈现较大波动。在 2010 年达到最高值之后，从 2011 年开始下降，2014、2015 两年虽有小幅上升，但 2016 年迅速下降到最低值 88.93。在中国经济发展新常态中，中国 500 强企业发展受到了国际和国内经济环境的影响，部分行业的大企业出现了大面积亏损（尤其钢铁、煤炭、石油、远洋等行业），到了 2017—2018 年我国经济运行总体稳中向好并好于预期。但应看到 2017 年、2018 年总指数开始回升，中国大企业在旧常态向新常态转型中取得了初步效果。宏观经济的回升，大企业营收情况整体好转，发展质量改善，一些新的行业企业进入 500 强中，给经济的发展带来新动力。但是在中国经济增长减速的背景下，总竞争力指数的总体下降体现出了我国企业发展中的深层次矛盾和问题，企业进行转型升级、提高自身经营效益刻不容缓。另外，从盈利、成长和规模三个分指数来看，盈利和成长指数出现增长，这也是近些年表现较好的地方。

1. 规模指数略有下降，中国 500 强企业规模增幅有所回落

2018 年中国 500 强规模指数为 93.24，相比较与 2017 年的 93.62 略微下降。虽然从入围门槛、资产总额、营收总额等方面较 2017 年有着增长，但是员工总数比去年有一定下降，降幅约为 4.50%（2018 年员工总数为 3 191 万，2017 年为 3 341 万），这与一些高科技企业的入围到 500 强有关，相对销售额，这些企业更加高效，所需要人员相对少。2018 年中国 500 强企业入围门槛为 306.89 亿元，较上年提高了 23.89 亿元，营业收入总额达到了 71.17 万亿元，总资产为 274.26 万亿元，均比上年有明显的提升，中国大企业的规模不断增大，这样也促使了中国入围世界 500 强的数量的增加，以 2018 年为例，包含台湾在内，中国上榜的公司总数已经达到 120 家，仅次于美国的 126 家，远超过第三位日本的 52 家，国家电网上升为第二位。在中国 500 强中，营业收入超 1 000 亿元有 172 家，较上年增长了 15 家，5 家企业超过 1 万亿。

2. 盈利指数明显回升，中国 500 强企业经济效益增长迎来新局面

2018 年中国 500 强盈利指数为 88.37，比 2017 年的 80.92 上升 7.45，自 13 年以来出现了较大的增长，创下了近 6 年的新高。究其原因，中国 500 强企业亏损企业数量逐渐减少，并且亏损额也有所下降。2018 年中国 500 强企业中亏损的为 32 家，比上年减少 11 家，亏损面达到 11.4%，这些都达到了近年的最少。从亏损的行业来看，主要集中在煤炭、钢铁以及有色金属等行业，在新常态的经济影响下，传统行业虽然已经在扭亏为盈，但是仍有不少企业还需要进一步努力。即使对那些规模较大的企业，

如中国石油天然气集团公司，虽然从规模上排在第一，而从盈利指数上来看，仅排在第 35 位。在"互联网+"经济模式的发展下，一些互联网公司盈利水平继续大幅度提升，如腾讯控股有限公司和阿里巴巴集团控股有限公司分列盈利指数的第一、二位。但是也发现小米集团(首次上榜)是所有 500 强企业中亏损最多的，达到 438 亿元，通过进一步分析发现:小米集团经营性净利润为 38.12 亿元，加上 63.71 亿元的投资公允价值变动收益则税后净利润为 96.84 亿元，但是其可转换可赎回优先股公允价值变动损失 540 亿元，这样导致了其亏损为 438 亿元，可以说是由于资本市场的变动引起的亏损。但整体来看，对中国传统大企业来讲，亟须进一步的转型升级，盈利模式需要更大的创新和调整。

3. 成长指数略有上升，中国 500 强企业积累新的成长点

2018 年中国 500 强成长指数为 98.86，比 2017 年的 95.19 上升 3.67，从 2015 年开始首次上升，这得益于企业规模、资产、净利润、从业人数的持续增长。但是也应该看到，这些要素的成长使得企业规模进一步增加，但是能否带来竞争力的增加值得思考，做精、做优、做强是成长的核心，可持续发展与竞争实力的提升是根本。所以必须研究解决相关行业存在的体制机制性问题，使得企业在经济下行的大背景下，寻找新的经济成长点，拓宽自身发展路径，逐渐向创新驱动型转变，以规模扩张偏好逐渐转向优化发展方向，实现企业长期可持续的高质量增长。

在过去近二十年中(SHUFE 指数发布了 10 年)，中国大企业的发展经历了一个较为完整的周期:500 强企业指数在 2010 年达到峰值，随后逐年下降，从 2014 年开始可能出现新的一轮成长。而从企业经营、发展、成长的逻辑来看，中国大企业正从高赢利转向低盈利，规模逐渐趋于平稳，大企业的经营红利正在逐渐消失，需要新的资源配置方式、增长驱动力。当中国宏观经济规模越来越强，增长速度放缓，人民文化水平和意识的提高，中国大企业的竞争力将会迎来崭新的挑战。中国大企业从做"大"开始逐渐转向做"强"，培育具有全球竞争力的世界一流企业是适应经济全球化、增强我国国际竞争力成为重要目标，这也是大企业未来的发展方向(附表 1)。

附表 1 上财 500 强竞争力指数总表

年份	综合指数	盈利指数	成长指数	规模指数
2004	100.00	98.80	112.89	88.06
2005	101.84	104.74	122.09	77.51
2006	102.47	99.59	117.88	89.87
2007	103.37	101.09	116.58	92.33

续表

年份	综合指数	盈利指数	成长指数	规模指数
2008	99.00	100.90	106.57	88.97
2009	98.83	93.93	111.64	91.26
2010	111.76	107.88	136.66	90.48
2011	108.78	104.20	130.91	91.19
2012	105.37	107.77	116.09	91.50
2013	94.87	81.27	112.57	92.31
2014	95.21	78.32	117.52	91.71
2015	96.43	77.40	121.75	92.30
2016	88.93	71.92	104.16	92.89
2017	89.52	80.92	95.19	93.59
2018	93.29	88.37	98.86	93.24

数据来源:作者计算得出。

三、 上海500强企业竞争力与产业结构分析

从入围2018年上财500强企业数量较多的7个省市来看,2018年竞争力指数整体呈现了上升趋势。附图2显示出7个省近10年竞争力指数的发展趋势,北京、上海和广东领先于其他省市,该地区的大企业竞争力更强一些。

2018年,北京大企业竞争力和2017年几乎持平,以108.23的指数排名七个省份的第二;广东以110.51跃居第一,超过了北京,也比2017年的102.5有着显著的提升,从这个角度来看广东企业的发展保持了一定的稳定性;而上海较去年上升也较为显著(指数为105.33,2017年为96.92),这是由于自贸区建设的红利进一步释放,同时“科创中心”和“四大品牌”的建设也初现成效;浙江竞争力指数为91.97,比上年(96.22)有着一定下降,排在第五;山东竞争力指数为94.32,比上年也有明显上升,位列第四;天津竞争力指数为89.29,虽然位列第六,但是也比2017年有所下降;江苏在七省中排在末位,2018年竞争力指数81.81。从区域发展来看,在2011年之前北京的中国500强企业竞争力遥遥领先,一家独秀;2011到2014年上海与广东逐渐赶上,两者在第二第三为相互竞争;2018年依旧为广东、北京和上海三个区域的引领,广东和上海竞争力得以提升。

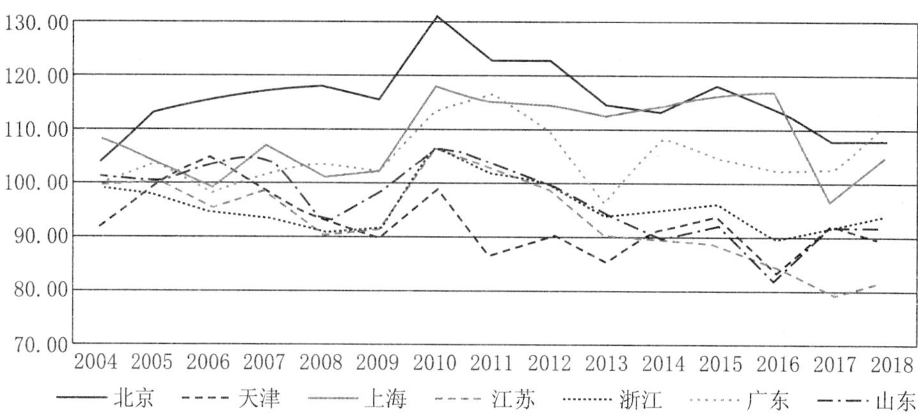

附图 2 上财 500 强企业的地区竞争力指数

资料来源：上海财经大学 500 强研究中心。

从上榜企业的营业收入占 500 强企业的比重来看，上海企业对应指标呈现了逐年下降的趋势，2002 年占比 8.8%，2018 年占比为 6.14%。近年来，长三角的江苏、浙江，珠三角的广州和深圳发展潜力较大，是中国大企业发展较快的区域。在原有竞争优势逐渐丧失的情况下，上海经济和大企业想保持可持续发展，必须不断培育新的经济增长点和竞争优势，将其视作推动上海新一轮改革开放的动力。

2018 年的数据显示(附表 2)，从利润、税收和从业人数几个指标来看，上海处于全国前列。上海大企业整体规模较大，盈利能力较强，效率更好，因此上海入围的企业更加注重集约化的发展模式。

附表 2 上海及主要省市 500 强企业经营情况(均值)

省份	销售额/亿元	利润/亿元	资产/亿元	从业人员/个	人均利润/万元
上海	1 510	90	8 270	45 450	19.8
北京	3 240	164	18 700	164 944	9.9
江苏	850	20	603	39 849	5.0
浙江	799	29	701	26 037	11.1
广东	1 540	117	5 480	63 366	18.5
山东	770	23	808	24 127	9.5

资料来源：《2018 中国 500 强企业发展报告》。

从产业结构来看，上海入围中国 500 强的企业以服务业为主，共有 16 家，占比 55%，这与 2002 年(服务业仅为 33%)相比有了较大的结构型调整，反映了上海从制造向服务业转型升级的过程。但是从规模上来看，制造业依旧强于服务业，营业收入、从业人数、利润额等远高于服务业，但是服务业的资产已与制造类企业较为接近。

从经营绩效来看，服务业高于制造业，这从人均销售额、人均利润额、销售利润率、资产利润率高于制造业，这表明上海服务企业效率较高，适应了上海高速的“全球城市”的发展，同时根据上海财经大学500强竞争力指数来看，服务业竞争力指数达到109.6，远高于制造业的96.6。

从总体来看，上海500强企业没有明显的资源依赖特征，“上海制造”技术密度较高，具有先进制造业的特征；“上海服务”符合了当代经济发展潮流，互联网服务、金融服务企业发展迅速，具有从“传统服务业”向“现代服务业”转型升级的特征。

附表3　上海不同行业500强企业经营情况(均值)

行　业	数量	销售额/亿元	利润/亿元	资产/亿元	从业人员/人	销售利润率	人均净利润/万元	竞争力指数
制造业	9	2 100	62.9	3 030	70414	3.0%	8.9	96.6
服务业	16	1 210	115	12 400	36 203	9.5%	31.7	109.6
建筑、房地产	4	1 360	50.4	3 640	26 265	5.7%	19.2	107.7

资料来源：《2018中国500强企业发展报告》；上财500强企业研究中心。

附表3显示，从制造业来看，汽车、钢铁、食品、装备制造成为上海制造业的四大支柱。从500强企业发展来看，上汽集团排名500强中的第8，也是汽车行业的领军企业，上海宝武钢铁排名第38，引领了钢铁行业的转型升级发展。从时间序列来看，2002年上海入围的制造类企业较为分散，而随着制造业的入围数量下降以及资源整合，入围企业较为集中，并且都是行业中的佼佼者，这表明上海制造类大企业逐渐走向高质量发展之路。

从服务业来看，金融、互联网服务和商贸零售成为上海服务业的三大支柱，充分体现了“上海购物”和“上海服务”两大品牌。随着数字经济的发展，互联网服务成为城市发展的重要产业之一，上海入选中国500强的互联网服务企业反映了对制造业的对接，分别为“上海钢联电子商务股份有限公司”和“上海找钢网信息科技股份有限公司”。金融业入围数量最多，企业规模最大，经营绩效最好，反映了上海建设“金融中心”的特征与方向。商贸零售企业比重下降较快，2002年商贸零售占比为40%，而2018年只为10%，传统零售大企业如何进一步发展是值得关注的问题。

从经营绩效来看(附表4)，服务业内部相差较大，金融业规模大、销售利润率高(达到14.3%)，是服务业中的核心行业；互联网服务企业规模相对较小，但是人均利润较高，也反映出该行业高附加值的特点；商贸零售业销售利润率(1%)和人均利润较低，亟须转型创新发展。

附表 4 上海不同服务行业 500 强企业经营情况(均值)

行业	数量	销售额/亿元	利润/亿元	资产/亿元	从业人员/人	销售利润率/%	人均净利润/万元	竞争力指数
金融	5	2 250	322.0	37 900	52 721	14.3	426.8	147.2
互联网	2	642	1.1	77	1 483	0.2	4 329.1	65.5
商贸零售	4	797	8.0	480	47 676	1.0	167.2	93.3

资料来源:《2018 中国 500 强企业发展报告》;上财 500 强企业研究中心。

从所有制来看(附表 5),国有企业入选 20 家,民营企业 9 家,上海大企业以国有企业为主。从整体规模,国有大企业远胜民营大企业,如国有企业销售额达到 1 890 亿元/家,民营企业只有 656 亿元。利润方面,国有企业达到 118 亿元/家,而民营企业仅为 29 亿元,销售利润率方面,国有企业略高于民营企业,人均利润方面,民营企业略高于国有企业,所以从经营效率上看,民营企业也无任何优势。从整个经济体系来看,2017 年全国民营企业有 2 700 万家(这比 1995 年的 65.5 万增长了 40 多倍),GDP 占比超 60%。改革开放 40 年,民营经济从无到有,从小到大,从弱到强,实现了“民有民享”,真正成为国民经济的主力军,撑起了我国经济发展的“半壁江山”。上海民营大企业发展并不理想,如何进一步发展民营大企业是值得关注的问题。

附表 5 上海不同所有制行业 500 强企业经营情况(均值)

行业	数量	销售额/亿元	利润/亿元	资产/亿元	从业人员/人	销售利润率/%	人均净利润/万元	竞争力指数
国有企业	20	1 890	118	11 500	57 874	6.2	326	114.5
民营企业	9	656	29	1 110	17 840	4.4	367	84.9

资料来源:《2018 中国 500 强企业发展报告》,上财 500 强企业研究中心。

虽然上海入围中国 500 强的企业数量并不占优,但是其规模较大、效益较好,大企业转型发展具有引领性。从整体上来看,上海大企业对宏观经济的低速增长适应能力较强,尤其是汽车制造、钢铁等行业,在经济新常态下依旧有着不错的增长。入围企业结构逐渐趋于集中,金融、互联网和商贸零售成为支柱性的服务企业,这些企业将引领上海产业的结构性转型。同时,国有大企业规模和绩效上远超民营企业,这体现出上海民营企业发展的瓶颈。由于大企业规模巨大,内部管理复杂,在需要尽快做决策时并没有作业灵活的反应。上海大企业的竞争力在 2018 年有所上升,所以未来可以期待上海大企业进一步激发活力,提高企业的增长质量和效益,重视企业的盈利性,谋求企业从量变向质变进行转化,成为真正引领上海经济发展的“龙头”。

附录二　2017 总部经济大事记

一、2017 总部经济支持政策密集出台

《上海市鼓励跨国公司设立地区总部的规定》有效期为 5 年，已于 2016 年 12 月 19 日到期。上海市为积极贯彻落实《国务院关于扩大对外开放积极利用外资若干措施的通知》，更加积极地利用外资参与上海“四个中心”和“科创中心”建设，主动适应跨国公司发展新趋势、国际贸易投资规则新变化，保持本市总部政策的连续性和稳定性，2017 年 1 月 27 日，修订并发布了《上海市鼓励跨国公司设立地区总部的规定》。一方面丰富跨国公司地区总部内涵，将总部型机构纳入政策适用范围，另一方面，在原有的资助与奖励、资金管理、人员流动、通关便利政策上做加法，吸收自贸试验区制度创新和科创中心政策成果，新增了部分资金管理、出入境便利、人才引进政策，并首次提出“区政府支持”条款，鼓励各区因地制宜营造不断完善适合总部经济发展的营商环境。

（一）浦东新区

2017 年 7 月 20 日，浦东新区正式下发《“十三五”期间促进总部经济发展财政扶持办法》（以下简称“扶持办法”），在原先跨国公司地区总部、国内大企业总部、区域性总部基础上，新增了营运总部、高成长性总部、国际组织（机构）地区总部的认定。高成长性总部，虽处于萌芽状态，但具有独一无二的专利和良好的商业模式，原来总是被政策忽视。《扶持办法》将其纳入，不仅有利于这些高成长企业更稳定地兑现潜力，还能够形成总部经济发展的梯度结构；国际组织（机构）地区总部，或许不能直接在经济贡献上体现价值，但具有非凡的行业影响力、凝聚力和号召力，对丰富总部生态链

具有重大意义。

（二）静安区

2017年10月20日，静安区颁布《关于促进总部经济发展的实施办法》，扶持对象由跨国公司地区总部扩展到跨国公司总部型机构、外资研发中心及其聘用的员工；为更好鼓励原有符合条件的优质企业升级总部，增加了“存量企业升级总部”的特殊扶持政策；除市级政策外，还增加了装修资助、人才公寓、国际发明专利资助等区级配套扶持政策。

二、 东原地产集团总部迁至上海

2017年4月9日，东原地产集团正式将总部整建制从重庆迁至上海虹桥商务区核心区，宣告全面进入跨越式发展时期。这个拥有13年历史的重庆企业希望让自己在大虹桥焕发新活力。随着上海经济中心和金融中心优势日益凸显，许多房企选择将总部搬迁至上海，寻求更广阔的发展平台。在这些搬迁的房企中，来自重庆的东原地产格外与众不同。作为工业城市重庆走出的房企，东原地产深得渝系房地产企业发展的精髓，更关注城市和人们生活方式的变化。在行业下半场，凭借精选深耕战略和持续优化的产品，东原地产正不断积蓄扩张势能，为全国化战略加速保驾护航。

2017年，东原加大核心城市纵深发展，并进一步开拓战略城市市场。2月27日，东原首入合肥，以总价5.5亿元竞得合肥庐阳区N1614号地块；3月22日，东原又首次进入太仓，以2.25亿元的总价接连拿下了太仓沙溪镇WG2017-1-4和WG2017-1-5两宗地块；4月6日，东原击败众多对手，以总价3.48亿元、楼面价17 200元/平方米竞得五号武侯区红牌楼地块；4月7日，东原又携手旭辉，以39.2亿元的总价竞得重庆龙坡区陈家坪尹朝社地块。在不到半个月的时间里，东原已经在西南（成都、重庆）和华东（太仓）成功斩获4宗宅地，进一步扩大其在大西南和华东区域的深入布局。目前，东原地产已经在华东、华中、西南三大区域七大城市拥有近800亿元货值储备，完成了三大区域“三足鼎立”均衡布局的整体态势。

三、 晋泰实业上海总部大楼工程完工

2017年5月10日，中国二十冶集团承建的晋泰实业有限公司上海总部大楼工程顺利完工。晋泰实业有限公司上海总部大楼工程位于上海市青浦区工业园区内胜利

路与竹盈路交叉路口，西侧为卓越世纪中心和清河湾项目，南侧为上海九天螺钉厂和卡比特家饰地毯、东侧为上海浪潮机器有限公司。建设总用地面积 16 125 平方米。总建筑面积 58 925.49 平方米，地上建筑面积 48 397.29 平方米，地下建筑面积 10 528.2 平方米，建筑层数：地下一层，地上部分包括 3 栋厂房，其中厂房 3 为 15 层、厂房 1 和厂房 2 均为 12 层，结构体系为框架—剪力墙体系结构。

四、 虹桥—正荣中心总部落地企业数量继续增加

2017 年 5 月 17 日，位于上海虹桥商务区内的虹桥—正荣中心迎来了 10 家企业的正式入驻。本年度的前 5 个月中，不断有企业入驻虹桥商务区。加入“大虹桥”朋友圈的企业，不仅有罗氏、壳牌这样的世界 500 强，也有唯品会、安踏体育等为代表的优质内资企业。此次宣布入驻虹桥—正荣中心的企业，有上市公司广联达科技、欧普照明、新朋股份、工商银行虹桥商务区支行、友邦吊顶等。此次正荣集团更是将地产、资本、服务（商业物业）三大板块集体落地于此。作为一家专注于地产、资本和服务的综合性投资集团，正荣集团旗下正荣地产位居中国房地产百强企业 23 位，2016 年销售额超 500 亿元规模；正荣资本专注于大金融、大健康、大消费的投资，已成功投资渤海证券、厦门银行等金融机构，成为正荣集团新兴利润增长极；而作为服务板块的商业物业，正荣商业已成为中国房企商业物业价值 30 强、中国商业综合实力 20 强。正荣物业作为国家一级物业管理资质企业，是中国物业管理协会会员单位、福建省、南昌市物业管理协会副会长单位。

五、 复星医药启动张江总部基地新建项目

2017 年 7 月，复星医药位于上海张江的复星医药总部基地及战略研发中心新建项目——C4-2 地块项目正式启动。该项目功能规划包括创新药研发、国际前沿精准医学技术研发、世界领先医疗技术研发孵化、健康大数据及智慧医疗创新研发等。

复星医药已经有两个创新项目落户在浦东张江，一个是复星凯特的制药项目，一个是手术机器人项目，都具有非常广阔的产品前景。2017 年 1 月，复星集团正式确定与细胞免疫治疗领域全球领先企业 Kite Pharma 的合作关系，双方计划在上海共同设立投资金额不低于 8 000 万美元的合作经营企业复星凯特，携手开拓中国的癌症 T 细胞免疫疗法市场。另外，手术机器人项目也同样进展迅速，该公司已经获得营业执照，管理团队也在紧锣密鼓组建中。该公司专注于研发生产机器人辅助导管创新医

疗器械,初步将主要针对肺癌,在上海研发和生产对肺癌早期诊断及治疗有利的高性价比产品,这一创新产品将为医生提供更好的医疗工具以提升医疗效果。

六、 凯德集团签约阿里上海总部

2017 年 8 月 23 日,凯德集团发布声明表示,已经和阿里巴巴达成协议,管理其新的上海总部。据了解,凯德集团与中国电商巨头阿里巴巴展开战略合作,将负责管理阿里巴巴上海中心,并在阿里巴巴掌控的网购平台“来赞达”(Lazada)设立网上商城,帮助旗下商场租户与消费者建立网上联系。根据资料显示,阿里巴巴上海中心位于上海虹桥商务区中心北部,包含四栋办公楼和一个四层的商业裙楼,总楼面达 8 万平方米,于 2018 年开幕。凯德集团将负责商业裙楼和其中一栋办公楼的管理。凯德集团方面称,这桩交易将让凯德集团实现零售商和购物者线上线下双连接。凯德集团预计上述两桩和电商公司达成的交易将促进现代零售的重塑,通过整合实体和网络零售渠道取得增长。

七、 金砖国家新开发银行总部大楼正式开工

9 月 2 日上午,金砖国家新开发银行总部大楼开工仪式在上海世博园举行。新开发银行总部大楼位于浦东世博园 A 片区,占地面积 1.2 万平方米。总面积 12.6 万平方米,建筑高度 150 米,建成后将满足约 2 500 人的办公需求。2017 年年初,上海市世博 A 片区单元(Z000201)A11 街坊控制性详细规划局部调整(实施深化)批复,这正是新开发银行总部大楼所在街坊的规划。东至雪野路,西至国展路,南至高科西路,北至白莲泾路。其中 A11-01 即为新开发银行总部大楼所在地块。根据规划,该地块用地性质为行政办公,容积率为 6.67,建筑高度 150 米,绿地率不少于 10%,其中地下建筑面积 10 407 平方米,主要作为停车空间及设备用房。新开发银行作为首个落户上海的国际金融组织,其总部大楼的设计方案是在向全球范围内征集形成的。建筑主体形象突出、寓意深刻,建成后将成为黄浦江沿岸又一地标性建筑。方案诠释了新开发银行的文化价值,凸现新开发银行的国际地位,展现上海国际金融中心风貌。

八、 中国杜尔总部暨研发中心落户青浦工业园

2017 年 9 月,杜尔涂装系统工程有限公司在位于青浦工业园区内的杜尔园区举

办中国杜尔总部暨研发中心成立仪式。德国杜尔系统股份有限公司迄今已有 100 多年的历史，是集设计、制作、安装、调试为一体的系统公司，致力于为大型汽车厂设计、制作、安装油漆车间，并负责调试直至投产。在青浦工业园内的杜尔园区位于杜尔 2012 年建立的 34 000 平方米生产工厂附近，它缩短各业务模块的距离并实现高效沟通。

九、 上海浦东总部经济共享服务中心（平台）全新亮相

2017 年 11 月，上海浦东总部经济共享服务中心(平台)在上海自贸试验区陆家嘴金融片区全新亮相。在浦东新区商务委的牵头下，依靠上海浦东外商投资企业协会、上海浦东各地投资企业协会为载体，通过政府各部门以及德勤、安永等各专业服务机构联手打造企业全生命周期共享服务平台。经过五年的发展，已完善了六大服务功能，包括信息服务、协调服务、智库服务、咨询服务、商务服务、生活服务，同时兼顾四项任务，有政府委托的事务性工作、参与新兴行业事中事后监管、行业自律和党建联建、推进企业履行社会责任。

上海浦东总部经济共享服务中心(平台)将继续以优化浦东政务、市场、法制、社会等营商环境为目标，精心打造优良的总部经济运营生态环境，将政府服务链和市场服务链有机结合，使法治建设和人文关怀协同发展，使总部各项运营活动畅通高效，有效降低总部经济运营的综合商务成本，以“软实力”提升浦东新区总部企业参与国内国际市场的核心竞争力。

十、 中央国债登记结算有限责任公司设立上海总部

2017 年 12 月 4 日，中央国债登记结算有限责任公司(简称中央结算公司)宣布正式设立上海总部，并将其人民币债券跨境发行中心、人民币债券跨境结算中心、中债担保品业务中心、中债金融估值中心和上海数据中心五大功能平台迁入上海，服务全球人民币债券市场。

中央结算公司是国家核心金融基础设施，中央托管体系是债券市场运行的基石，是金融市场开放的门户。中央结算公司设立上海总部，是全面对接上海国际金融中心建设的重大部署，有助于进一步提升上海金融市场的流动性管理与风险控制的枢纽功能，增强上海国际金融中心在全球的定价权、影响力和资源的配置能力。打造具有国际影响力的债券市场功能平台，对于扩大人民币“流动性中枢”“风险管理中枢”

"人民币利率定价中心"市场影响，夯实金融市场基础功能，具有重要意义。

当日揭牌的中债担保品业务中心管理的担保品余额突破 12 万亿元，覆盖各类市场机构 4 500 余家，是世界最大担保品运营机构，将在上海形成全球人民币金融体系重要的管理和金融风控中枢。上海关键收益率将有利于提高国债收益率曲线的直观性和使用便利性，符合国际惯例，能满足市场运用需求，也是宣传和推广国债收益率曲线的有力举措，对推动人民币定价权和债券市场开放将起到重要作用。

参考文献

[1] Bösenberg S, Egger P H, Strecker N M. On the Distribution of Tax Effects on Headquarters Location[J]. Economics Letters, 2014, 124(2):308-313.

[2] Davis J C, Henderson J V. The Agglomeration of Headquarters, Regional Science and Urban Economics, 2008, 38(5):445-460.

[3] Dischinger M, Riedel N. Corporate Taxes and the Location of Intangible Assets within Multinational Firms[J]. Journal of Public Economics, 2011, 95(7-8):691-707.

[4] Li J. Determinants of Quality of Headquarters-Subsidiary Relationship: A Study of Chinese Multinational Enterprises[D]. Perth: Curtin University, 2014.

[5] Lunnan R, Zhao Y. Regional Headquarters in China: Role in Mne Knowledge Transfer[J]. Asia Pacific Journal of Management, 2014, 31(2):397-422.

[6] Ma X, Wang P, Li D. What Determines the Establishment of Chinese Multinational Enterprises' Asian Regional Headquarters[J]. Management and Organization Review, 2017, 13(1):85-119.

[7] Pan Y, Teng L, Yu M, et al. Host-Country Headquarters of U.S. Firms in China: An Empirical Study[J]. Journal of International Management, 2014, 20(4):379-389.

[8] Strauss-Kahn V, Vives X. Why and Where Do Headquarters Move? [J]. Regional Science and Urban Economics, 2009, 39(2):168-186.

[9] Voget J. Relocation of Headquarters and International Taxation[J]. Journal of

Public Economics, 2011, 95(9-10):1067-1081.

[10] Zhang L, Zhang H, Yang H. Spatial Distribution Pattern of the Headquarters of Listed Firms in China[J]. Sustainability, 2018, 10(7):2564.

[11] 楚天舒,李晓红.中国中心城市总部经济发展水平动态综合评价[J].技术经济,2015(10).

[12] 江若尘,曹光明,王丹.中国500强企业竞争力发展的结构性研究[J].上海财经大学学报,2011(3).

[13] 江若尘,吴烨.中国500强企业竞争力研究——基于2004—2011年的数据[J].财经问题研究,2012(5).

[14] 江若尘,余典范,翟青,等.中国(上海)自由贸易试验区对上海总部经济发展的影响研究[J].外国经济与管理,2014(4).

[15] 王俊松,潘峰华,田明茂.跨国公司总部在城市内部的空间分异及影响因素——以上海为例[J].地理研究,2017(9).

[16] 郭永泉.论国际港口通关中的部门合作[J].港口经济,2016(9).

[17] 蒋媛媛.供给侧改革视角下的上海自贸区发展与全球城市建设[J].上海经济,2017(2).

[18] 施元红.我国自由贸易试验区负面清单管理模式探讨[J].对外经贸实务,2018(11).

[19] 许一览.金融租赁公司在上海自贸区的融资策略[J].上海金融,2014(12).

[20] 杨峰.上海自贸试验区商事登记制度的改革与完善[J].法学,2014(3).

[21] 郑惠强.市场化改革如何厘清政府与市场的边界[J].群言,2014(7).

[22] 张湧.自贸区的供给侧改革课题[N/OL].上海证券报,2016-03-04(012).

[23] 上海市开展"证照分离"改革试点总体方案[EB/OL]. [2015-12-29]. http://www.gov.cn/zhengce/content/2015-12/29/content_10519.htm.

[24] 国务院关于在全国推开"证照分离"改革的通知[EB/OL]. [2018-10-10]. http://www.gov.cn/zhengce/content/2018-10/10/content_5329182.htm.

[25] 市政府办公厅关于印发《进一步深化中国(上海)自由贸易试验区和浦东新区事中事后监管体系建设总体方案》的通知[EB/OL]. [2016-08-02]. http://www.shanghai.gov.cn/nw2/nw2314/nw2319/nw12344/u26aw48434.html.

[26] 关于《跨国公司外汇资金集中运营管理规定(试行)》的通知[EB/OL]. [2014-04-18]. http://www.fdi.gov.cn/1800000121_23_71721_0_7.html.

[27] 上海市人民政府关于进一步支持外资研发中心参与上海具有全球影响力的科技创新中心建设的若干意见[EB/OL]. [2017-10-16]. http://www.shanghai.

gov.cn/nw2/nw2314/nw2319/nw41893/nw42230/u21aw1261984.html.

[28] 关于本市外资研发中心聘用外籍人才来沪工作办理工作许可相关事宜的通知[EB/OL]. [2017-01-05]. http://www.12333sh.gov.cn/201712333/xxgk/flfg/gfxwj/rsrc/05/201801/t20180116_1277565.shtml.

[29] 国务院关于印发中国(上海)自由贸易试验区总体方案的通知[EB/OL]. [2013-09-27]. http://www.gov.cn/zwgk/2013-09/27/content_2496147.htm.

[30] 上海自贸试验区制度创新成果及建设推进情况[EB/OL].[2017-04-01]. http://www.china-shftz.gov.cn/newsdetail.aspx?nid=612e486f-c6b8-4025-b642-8c6981bdb2a8&cid=16a79677-7b73-4570-a610-761ad7cf52c3&navtype=0.

[31] 上海海关关于在中国(上海)自由贸易试验区实行境外入区货物“先进区、后报关”作业模式的公告[EB/OL].[2016-02-16]. http://shanghai.customs.gov.cn/shanghai_customs/423405/423461/423462/434396/index.html.

[32] 中国银监会办公厅关于印发金融租赁公司专业子公司管理暂行规定的通知[EB/OL].[2014-07-11]. http://www.cbrc.gov.cn/chinese/home/docDOC_ReadView/6B902B93F79F4752BFC4D9B019BB2E58.html.